RAEL

JASHTËTOKËSORËT MË ÇUAN NË PLANETIN E TYRE

Mesazhi i dytë që më dhanë Elohimët

Titulli origjinal i veprës:
Les extra-terrestres m'ont emmené sur leur planète
Le 2eme message qu'ils m'ont donné

E drejta e autorit © The Raelian Foundation 2024.

Rael është identifikuar si autori i kësaj vepre në përputhje me Ligjin për të Drejtat e Autorit, Dizajni dhe Patentat 1988 Të gjitha të Drejtat e Rezervuara. Asnjë pjesë e këtij botimi nuk mund të riprodhohet, ruhet në baza të dhënash dhe të transmetohet në çfarëdo forme me mjete elektronike ose mekanike, fotokopje, printime, regjistrime ose ndryshe, pa lejen e botuesit dhe mbajtësit të së drejtës së autorit.

Përkthyer nga libri "Les extra-terrestres m'ont emmené sur leur planète. Le 2eme message qu'ils m'ont donné" shkruar në frëngjisht nga Rael, botuar fillimisht në 1975 nga "L'Edition du Message".

ISBN: 9781938589126
Botues: Nova Distribution
Botuesi mund të kontaktohet në: publishing@rael.org

Faleminderit:
Përkthyes në shqip: Sinani Sokol
Përkthimi dhe përbërja: Gian Elio De Marco Ezael
Arti i kopertinës: Elena Del Carlo

INDEKSI

Kapitulli I – Jeta ime deri në takimin e parë

Tashmë dy vjet 6
Fëmijëria, UFO mbi Ambert 8
Papa i Druidëve 9
Poezi 11
Takimi 21
Konferenca 24

Kapitulli II – Takimi i dytë

Shfaqja e 31 korrikut 26
Mesazhi i dytë 30
Budizmi 34
As zot as shpirt 36
Parajsa tokësore 40
Bota tjetër 42
Prezantim profetëve të lashtë 44
Një shije e parajsës 51
E reja urdhërimet 56
Popullit të Izraelit 57

Kapitulli III – Çelësat

Prezantimi 60
Qenia njerëzore 61
Lindja 62
Edukimi 63
Edukim sensual.. 65
Realizimi 67
Shoqeria 73
Meditimi dhe lutja 78
Teknika për përpjekjen e kontaktit telepatik me Elohim...........80
Artet 81
Meditim sensual 82
Drejtësia e njerëzve 84
Shkenca 86
Truri i njeriut... 87
Apokalipsi 88
Komunikimi telepatik 90
Shpërblimi 93
Guidat 102

Mesazhi i 13 dhjetorit të vitit 52 H. 104

Vepra të tjera të autorit 108

Prezantimi

Thjesht kisha vendosur të tregoja jetën time përpara takimit fantastik të 13 dhjetorit 1973, sepse doja t'u përgjigjesha shumë njerëzve që më pyetën se çfarë kisha bërë më parë dhe nëse, gjatë fëmijërisë sime, kisha përjetuar ndonjë ngjarje të jashtëzakonshme që mund të parashikonte një të tillë. një fat. Edhe pse mendova se asgjë e jashtëzakonshme nuk kishte ndodhur në vitet e para të jetës sime, duke gërmuar në kujtimet e mia, u befasova vërtet kur pashë sesi u rishfaqën episodet të cilat, të bashkuara njëri pas tjetrit, formuan një tërësi koherente dhe si kishte qenë me të vërtetë jeta ime udhëhequr për të qenë ai që isha dhe për të qenë pikërisht aty ku isha më 13 dhjetor 1973.

Unë praktikisht kisha mbaruar së shkruari të gjitha këto në kohën kur u zhvillua takimi i dytë. Kështu e përmblodha tekstin që përshkruan sa më shumë kujtimet e mia, për t'i lënë më shumë hapësirë mesazhit të dytë dhe historisë së kontaktit të dytë, madje më fantastik se i pari.

Kapitulli I

Jeta ime deri në takimin e parë

Tashmë dy vjet

Dy vjet! Prej gati dy vitesh, në një mënyrë apo tjetër, po përpiqem të përhap këtë të vërtetë shumë të madhe për mua. Koha kalon dhe më duket sikur po shënoj kohën. Megjithatë, pak nga pak, rreth meje po formohet një bërthamë solide njerëzish, të cilët e kanë kuptuar se libri im i parë foli vërtet të vërtetën. Shtatëqind, janë shtatëqind në kohën që po shkruaj këto rreshta dhe e kuptoj se deri në çfarë mase e gjithë kjo është pak dhe shumë në të njëjtën kohë. Pak kur mendohet për katër miliardë qeniet njerëzore që popullojnë Tokën, dhe shumë kur mendohet për ata pak njerëz që, në fund të dy viteve, kishin vendosur të ndiqnin atë që, dy mijë vjet më parë, si unë, kishte pasur detyrën e rëndë të inicohej dhe të niste primitivët e epokës së tij. Po kush janë këta shtatëqind? A janë ata ndoshta "vuajtës" që do t'u jepej të pinin ndonjë gjë, siç do të donin padyshim tallësit e momentit? Epo jo! Mes tyre ka edhe të diplomuar, doktorë në filozofi, psikologji, teologji, sociologji, mjekësi, fizikë, kimi etj. Por admirimi im shkon ndoshta njësoj për ata që nuk kanë diplomë. Në fakt, edhe nëse gjatë studimeve nuk kanë marrë njohuritë që do t'i kishin lejuar të kuptonin se është e mundur të krijohet shkencërisht materie e gjallë dhe qenie njerëzore si ne, ata kanë të njëjtën intuitë, si qeniet njerëzore.
të aftë për të dominuar materien dhe për ta vënë veten në harmoni me universin ku bëjnë pjesë. Më duhet të them gjithashtu se në përgjithësi jam shumë optimist dhe besoj se deri tani dhe tashmë e kam kryer misionin që më është besuar për një përfundim të suksesshëm, pasi çfarëdo që të më ndodhë, MADECH[1] është në lëvizje. dhe asgjë nuk do të jetë në gjendje ta ndalojë atë.

Në këto dy vjet kam mbajtur rreth dyzet konferenca dhe kam vënë re se disa pyetje lindin rregullisht. Mendoj se disa pika të mesazhit duhet të sqarohen, gjë që do të bëj në këtë punë.

Por në radhë të parë, çfarë rruge kisha ndjekur para mbledhjes së 13 dhjetorit 1973? Më duhet të pranoj se ka kaluar vetëm një kohë shumë e shkurtër që kam rishqyrtuar veten, për t'u përpjekur të shoh qartë se si ishte udhëhequr jeta ime në mënyrë që, në atë kohë, të isha i disponueshëm dhe i gatshëm për të ndërmarrë veprime për një problem psikofizik dhe nivel shpirtëror. Disa ngjarje të fëmijërisë sime, të marra veçmas, nuk më dukeshin se kishin as rëndësinë më të vogël. Kjo ishte derisa bëra një përmbledhje. Tani gjithçka më duket shumë e qartë dhe i kujtoj me njëfarë emocioni këto momente që mendova se nuk kishin ndonjë interes të madh në atë kohë. Larg nga unë të tregoj jetën time duke pasur parasysh se çdo ngjarje përfaqëson diçka të jashtëzakonshme, por më dukej se shumë njerëz donin të dinin më shumë për atë që më kishte ndodhur "më parë". Dhe pastaj, në vend që t'i lë thashethemet të thonë kush e di se çfarë, unë preferoj të them gjithçka vetë...

---

[1] MADECH është emri i organizatës së parë të themeluar nga Rael në Francë në vitin 1974. Ky akronim do të thotë "Mouvement pour l'Accueil Des Elohim Créateurs de l'Humanité" (Lëvizja për të mirëpritur Elohim, Krijuesit e Njerëzimit N.d.T.).

Fëmijëria, UFO mbi Ambert

Duke qenë i lindur nga një baba i panjohur, nuk mund të them se kam pasur një fëmijëri klasike. Unë isha ai që quhet një fëmijë "natyror", sikur të tjerët të ishin fëmijë artificialë... Një aksident, në një farë mënyre, të paktën për qytetin e vogël Ambert, kryeqytet fanatizmi i botës (psherëtimë). Dhe për më tepër, o sakrilegj, babai i panjohur (jo aq i panjohur...) dukej se ishte një refugjat hebre! Lindja ime u fsheh sa më mirë, jo në një shpellë, por në një klinikë në Vichy. Pra, kjo lindje u bë më 30 shtator 1946, rreth orës dy të mëngjesit dhe ishte shumë e vështirë. Por është më e rëndësishme të dini se unë u ngjiz më 25 dhjetor 1945.

Pikërisht në momentin e konceptimit, një qenie me të vërtetë fillon të ekzistojë dhe të zhvillohet në barkun e nënës. Kjo është data e vërtetë e lindjes së çdo individi. 25 dhjetori, një datë e rëndësishme për mbi dy mijë vjet. Për ata që besojnë te rastësia, jeta ime fillon rastësisht...

Më pas ishte kthimi në Ambert, ku nëna ime e gjorë u përpoq për një kohë të gjatë të më kalonte në sytë e babait të saj si "djali i një shoku për të cilin ajo kujdesej për disa kohë". Ndonëse ishte shumë i inatosur me të kur zbuloi të vërtetën, më dëshmoi, për aq pak kohë që e njoha, gjyshërit më të sjellshëm. Por mjerisht, ai vdiq kur unë isha ende shumë i vogël. Më vonë më treguan për vështrimin e tij zbavitës kur, pasi e pashë duke rralluar pemët e tij frutore, mora gërshërët për të krasitur... sallatën e tij!

Unë jam rritur nga gjyshja dhe tezja ime, të cilët kanë jetuar dhe jetojnë së bashku. Më mësuan të lexoja dhe më bënë të bëj hapat e mi të parë, nga të cilët mbaj një kujtim shumë të saktë: sigurisht gjëja më e largët në jetën time që mund të mbaj mend.

Vetëm pak kohë më parë gjyshja ime më tha se, në vitin 1947, ajo pa, mbi Ambert, në afërsi të shtëpisë së saj, një pajisje të çuditshme që bënte evolucion shumë të shpejtë pa bërë asnjë zhurmë. Deri më tani, ajo nuk kishte guxuar t'i tregonte askujt për këtë, nga frika se mos akuzohej se kishte halucinacione.

Vetëm pasi lexoi librin tim ajo vendosi të më tregonte për të dhe, në të njëjtën kohë, të bashkohej me MADECH. Në fund të fundit, aderimi isaj ishte një nga inkurajimet më të rëndësishme që mora.

Papa i Druidëve

Në Ambert ishte një plak, të cilit fëmijët kishin frikë dhe të rriturit talleshin me të. I kishin vënë pseudonimin Jezus Krisht, sepse mbante flokë shumë të gjatë, të mbledhur në shinjon dhe një mjekër madhështore. Ai ishte gjithmonë i veshur me një tunikë të gjatë që arrinte pothuajse deri te kyçet e këmbës dhe jetonte rreth njëqind metra larg shtëpisë ku nëna ime kishte gjetur një apartament të vogël. Ai nuk punonte dhe askush nuk e dinte se me çfarë jetonte, në shtëpinë e tij të vogël që ndodhet përballë bashkisë së qytetit.

Kur u rritën, fëmijët pushuan së frikësuari prej tij dhe, si prindërit e tyre, filluan të talleshin me të; ata e ndiqnin duke e tallur dhe duke i bërë me dorë. Unë personalisht nuk më pëlqente të luaja me të tjerët; Preferoja të mendoja për insektet dhe të lexoja libra. E kisha takuar këtë njeri në rrugë disa herë dhe më goditi fytyra e tij, e cila buronte shumë mirësi, dhe nga ajo buzëqeshje inteligjente që më dha teksa më shikonte. Nuk e dija pse, por nuk më trembi. Nuk pashë asgjë qesharake tek ai dhe nuk e kuptoja pse e ngacmonin fëmijët e tjerë.

Një pasdite e ndoqa, kurioz të dija se ku po shkonte, dhe e pashë të hynte në vilën e tij, duke e lënë derën hapur në një të vogël kuzhinë shumë e errët. U afrova pak dhe e pashë të ulur në një stol me një atmosferë pritjeje për mua dhe me një buzëqeshje djallëzore. Më bëri shenjë të hyja. Unë bëra dhe shkova tek ai. Ai vendosi dorën e tij në kokën time dhe u ndjeva si një ndjesi e çuditshme. Në të njëjtën kohë ai ngriti sytë duke thënë disa fjalë që unë nuk i kuptoja. Pas disa minutash më la të shkoja, ende pa fjalë dhe me të njëjtën buzëqeshje misterioze.

Në atë kohë ky fakt më intrigoi, por shpejt e harrova. Vetëm gjatë verës së vitit 1974, teksa lexoja një libër që nëna ime më kishte dhënë hua për Auvergne-në misterioze, mësova se Papa Dissard, plaku në fjalë, ishte i fundit nga "Dissards", domethënë "Papa" i fundit i Druidëve ende gjallë dhe që kishte vdekur disa vite më parë. Më pas m'u rikthye ky episod i fëmijërisë dhe mendova për buzëqeshjen misterioze që më jepte plaku sa herë e kaloja në rrugë, domethënë çdo ditë, që kur ishim fqinjë ose gati.

Tani e di saktësisht se kujt i drejtohej duke ngritur lart dhe duke shqiptuar ato fraza misterioze, ashtu siç e di saktësisht se cili ishte ai objekt i ndritshëm dhe i heshtur që kishte parë gjyshja ime. Një gjë tjetër që mbaj mend, dhe ajo është se duke filluar nga skena që ndodhi në Papa Dissard, më zinte gjumi çdo natë duke numëruar një numër të caktuar herë deri në nëntë, një shifër që ndodh shumë shpesh në jetën time, si një kod që kishte më atribuohet mua.

Nuk kisha qenë kurrë në gjendje ta shpjegoja këtë zakon të papritur, i cili lindi kur kisha qenë në gjendje të numëroja për disa vite shumë më tepër se deri në nëntë dhe që për këtë arsye nuk mund të ishte rezultat i një ushtrimi mekanik. Isha shtatë vjeç kur ndodhën këto ngjarje.

Poezia

Në këtë periudhë gjëja që më zgjoi më shumë interesin ishin kafshët, të cilat më pëlqente t'i vizatoja gjatë gjithë ditës kur nuk organizoja gara me kërmij... E tërhequr nga jeta e kafshëve, ëndrra ime e vetme ishte të bëhesha eksplorues, të mund të afrohesha me faunën misterioze të pyjeve të virgjër.

Por në moshën nëntë (përsëri nëntë) gjithçka ndryshoi. Para së gjithash, zbulova atë që për mua u bë një pasion i vërtetë: shpejtësia në çdo gjë që mund të rrotullohet në rrota, me ose pa motor. Shpejtësia dhe mbi të gjitha ekuilibri, sensi i trajektores, sfida me veten dhe me reflekset e mia, në fund të fundit dominimi i përsosur i mendjes mbi trupin.

Fillova me zbritje të çmendura me një biçikletë të vogël pothuajse pa frena dhe ende pyes veten se si ishte e mundur që nuk u rrëzova as edhe një herë. Për të vrapuar sa më shpejt, u pozicionova në majë të një kodre dhe prita që të kalonte një makinë me shpejtësi. Pastaj u nisa në një ndjekje marramendëse, arrita në makinë dhe, për habinë e madhe të shoferit, e parakalova, duke arritur në fund të kodrës; pastaj u ngrita dhe u ktheva në krye për të pritur një makinë tjetër...

Disa muaj më vonë, pashë rastësisht kalimin e turneut automobilistik të Francës dhe isha si "në shikim të parë"; Prandaj, a mund të njihni gëzimet e shpejtësisë pa pasur nevojë të pedaloni për të ngjitur një shpat? Dhe a mund të bëhet për të jetuar? U vendos, siç mund të vendoset në moshën nëntë vjeçare: Do të bëhesha shofer garash!
Që nga ajo ditë jeta ime u fokusua ekskluzivisht në garat me motor; Nuk më interesonte asgjë tjetër dhe nuk pashë asnjë kuptim të mësoja të gjitha gjërat që më mësuan në shkollë, pasi do të bëhesha shofer garash!

Komiket u zëvendësuan nga revistat serioze të makinave dhe me padurim numërova numrin e viteve që më ndanë nga mosha për leje drejtimi.

Ishte gjithashtu kur isha nëntë vjeç që njoha shkollën me konvikt për herë të parë. Nëna ime, e dëshpëruar që nuk doja të bëja asgjë në shkollë dhe që vazhdimisht përsërisja se të gjitha ato gjëra nuk do të më kishin asnjë dobi për të qenë shofer garash, vendosi të më dërgonte në konviktin e Notre-Dame-de-France. shkollë, në Puy-en-Velay. Ai shpresonte se pa revista automobilistike do t'i kthehesha studimeve dhe në njëfarë kuptimi nuk e kishte gabim. Gjithsesi, kujtoj keq nga ky konvikt i parë, sigurisht për faktin se aty më vendosën shumë i ri. Mbaj mend shumë netë të kaluara duke qarë në atë konvikt të madh, ku ajo që mendoj se më ka munguar më shumë ishte mundësia e të qenit vetëm për të medituar. Kjo mangësi që më bënte të qaja netë të tëra, si të gjitha mangësitë emocionale apo afektive, më rriti ndjeshmërinë tashmë shumë të madhe. Më pas zbulova poezinë.

Gjithsesi, gjithmonë më ka tërhequr më shumë frëngjishtja sesa matematika, por gjithmonë si lexues i interesuar dhe pasiv. Në këtë pikë ndjeva dëshirën, ose më mirë nevojën për të shkruar, mundësisht në vargje. Ndonëse matematika më interesonte shumë pak, në këtë lëndë kisha ruajtur një mesatare të mirë si në të gjitha të tjerat, përveç frëngjishtes dhe mbi të gjitha në kompozim, ku isha rregullisht i pari në klasë, sado pak më interesonte lënda. Shkrova një përmbledhje të tërë me poezi dhe madje mora çmimin e parë në një konkurs poezie.

Gjëja më e habitshme është se, pavarësisht se nuk isha pagëzuar, unë isha në një shkollë me konvikt të drejtuar nga fretër katolikë, me gjithçka që kjo nënkupton (lutje para ngrënies, gjumit, ngritjes, studimit, etj.), duke përfshirë edhe masat e përditshme. me kungimin... Kur pas gjashtë muajsh kungime ditore, fretërit e kuptuan se nuk isha pagëzuar, u kapën plotësisht. Më dukej shumë zbavitëse; epokës
i vetmi moment që më pëlqeu në masat e tyre, kjo shije falas e bukës së errët...

Ishte gjithashtu në moshën nëntë vjeç që hyra në pubertet. Kjo më pëlqeu shumë dhe në të njëjtën kohë më ngushëlloi për vetminë time jo të plotë me zbulimin e kënaqësive të panjohura e të fshehta, të cilat askush tjetër nga nëntëvjeçarët në konvikt nuk dukej se i dinte ende.

Dhe së fundi, në moshën nëntë vjeç u dashurova për herë të parë, siç mund të dashurohet në këtë moshë. Përballë rezultateve të mira të shkollës, nëna ime kishte pranuar të mos më dërgonte më në shkollë me konvikt dhe kështu u gjenda në shkollën komunale të Ambertit për të ndjekur vitin e kaluar. Ajo ishte atje, ajo ishte gjithashtu nëntë apo më shumë, dhe quhej Brigitte. Isha i turpshëm, u skuqa dhe prandaj dukesha qesharake. Mjaftoi një vështrim gjatë një ekzaminimi mjekësor, një gjest modesti për të fshehur nga sytë e mi një gjoks ku padyshim nuk kishte asgjë për të parë, për të shkaktuar tek unë një ndjenjë butësie dhe një dëshirë të pamasë për ta mbrojtur këtë në dukje kaq të brishtë.

Një vit më pas u gjenda në të njëjtën shkollë të mesme, në shoqërinë e kësaj dashurie të parë me të cilën as që guxoja të flisja. Madje, në fillim të vitit shkollor, kisha arritur të ulem pikërisht në bankën përballë saj, që të kthehesha herë pas here për të admiruar fytyrën e dashur. Isha vetëm dhjetë vjeç dhe gjithmonë mendoja për të.

Fakti i të qenit në klasë me të më stimuloi dhe u nisa për të studiuar atë që duhej për të mos përsëritur veten. Kështu kalova në vitin e ardhshëm, ende pa më të voglin kënaqësi në studimet e mia. Por, mjerisht, ne gjithmonë ndërronim klasë dhe tani kishim profesorë në vend të masterit. Kështu që unë isha pothuajse gjithmonë larg saj dhe pothuajse nuk studioja më. Aq shumë sa që vitin e ardhshëm u gjenda në shkollën me konvikt të një qyteti të vogël që ndodhej rreth tridhjetë kilometra larg Ambertit: Cunlhat.

Këtu ishte edhe më keq se në Puy-en-Velay. Ne ishim të grumbulluar në një konvikt të vogël ku nuk kishte pothuajse asnjë nxehtësi dhe ku praktikisht nuk kishte disiplinë. Më të mëdhenjtë, pra më të fortët, le të mbretërojë ligji i tyre. Mendoj se ishte pikërisht në këtë pikë që me të vërtetë fillova ta urreja dhunën. Një ditë, sapo u ngop duke u brutalizuar nga djemtë më të fortë se unë pa marrë asnjë masë ndaj tyre, u largova në këmbë, i vendosur të bëja tridhjetë kilometrat e rrugës që më ndante nga shtëpia e mamasë. Askush nuk e kishte vënë re largimin tim dhe kur drejtori i shkollës më mbërriti me makinë, unë kisha bërë gati dhjetë kilometra. Për gëzimin tim të madh u largova dhe, në mes të vitit shkollor, e gjeta veten si student në terren në fretërit në Ambert. Oh çfarë gëzimi: çdo ditë mund ta kaloja Brigitte-n në rrugë, gjithnjë e më e bukur, dhe pranvera e saj e dymbëdhjetë e kishte bërë bluzën e saj të mbinte me kënaqësi.

Gjithnjë e më pak më interesonin studimet dhe më pas fillova të shijoja gëzimet e braktisjes së shkollës, mbi të gjitha sepse nuk e vlerësoja shumë faktin e gjetjes "me priftërinjtë". Ata ishin kujdesur të këshillonin edhe nënën time që të më pagëzonte... Për fat, ajo preferoi të priste derisa të arrij moshën e mirëkuptimit për të më pyetur se çfarë mendoja. Gjatë kësaj kohe do të kisha dashur të isha bërë mekanik, pasi kisha mësuar se mund të më ndihmonte të bëhesha shofer garash. Nëna ime, e cila më ëndërronte si inxhiniere, donte që me çdo kusht të vazhdoja studimet dhe nuk pranoi që të hyja në një garazh si çirak. Ky zhgënjim i ri më ktheu dëshirën për të shkruar poezi, dhe kështu fillova të eci nëpër fshat me një fletore në dorë, në vend që të ndjek mësimet.

Në moshën katërmbëdhjetë vjeç u gjenda sërish në shkollë me konvikt, këtë herë në Mont-Dore, ku pranoheshin fëmijë që asnjë shkollë tjetër në rreth nuk i donte më.

Unë isha në shoqërinë e një koleksioni shumë interesant të bllokuesve dhe njerëzve të guximshëm. Ishte një nga këta të zellshëm, një nga "bosët" e konviktit, i cili ishte përgjegjës për orientimin që u dhashë dhjetë viteve të ardhshme të jetës sime. Quhej Zhak dhe i binte kitarës elektrike, gjë që më bëri shumë përshtypje. Për festat e Krishtlindjeve, gjyshja më dha një kitarë të mrekullueshme dhe Zhaku më mësoi disa akorde. Kështu fillova t'i vë në muzikë poezitë e mia dhe kuptova që me sa duket dëgjuesve të mi u pëlqente shumë. Sapo nisën pushimet verore, fillova të bëj disa konkurse radiofonike të cilat i fitoja pothuajse gjithmonë.

Pikërisht gjatë këtyre festave përjetova për herë të parë dashurinë fizike, me një banakiere që ishte magjepsur nga këngët e mia. Ajo ishte njëzet vjeç dhe nuk më mësoi gjëra të mëdha, përveç fuqisë që kitara ka tek seksi i bukur.

Një vit më pas, isha pesëmbëdhjetë vjeç dhe i etur për të jetuar jetën time. Një ditë mora kitarën nën sqetull, një valixhe të vogël dhe, pasi i thashë lamtumirë konviktit dhe atyre studimeve jo interesante, u nisa me autostop në rrugën për në Paris.

Kisha dy mijë franga të vjetra në xhep dhe zemra më mbushej plot shprese. Më në fund do të fitoja jetesën time dhe do të kurseja para për të marrë lejen e drejtimit në moshën tetëmbëdhjetë vjeç dhe më në fund do të bëhesha pilot.

Rastësisht, një burrë që drejtonte një makinë me rikuperim rrufe më ngriti, pavarësisht se trupi ishte ai i një sedani me një pamje shumë të qetë. Kur ky njeri më tha emrin e tij dhe se ai ishte një shofer garash, unë munda t'i tregoja se çfarë makine kishte garuar dhe pozicionet që kishte arritur. Ai u lajkatua dhe u befasua, ai që nuk ishte aq i famshëm, kur takoi një djalë të ri që dinte renditjen e tij. Ai më tha se kishte qenë një klloun dhe tani kishte një garazh në jugperëndim. Një herë në Paris më ftoi për darkë dhe gjithashtu më ofroi një dhomë në hotelin ku po qëndronte.

Këtu biseduam pak në sallon me dy vajza të reja që ishin argëtuese në një lokal dhe që kishin mbaruar ditën e tyre; Këndova disa këngë dhe secili shkuam të flinim me një nga këta shoqërues simpatikë. Pikërisht në atë rast u nisa me të vërtetë në dashuri fizike.

Të nesërmen në mëngjes u largova në mënyrë diskrete sepse doja të gjeja një dhomë dhe kabare të interesuara për këngët e mia. Nuk gjeta as njërën, as tjetrën dhe natën e dytë në Paris e kalova në metro me bumet. Nuk më kishte mbetur asnjë qindarkë dhe të nesërmen në mëngjes uria u ndje. E kalova ditën duke kaluar dhe duke humbur disi shpresën për të dalë nga kjo situatë. Por atë mbrëmje pashë një burrë që luante fizarmonikën në një tarracë kafeneje dhe klientët i jepnin monedha. Vendosa të përpiqem të bëj të njëjtën gjë dhe menjëherë shkoi shumë mirë. Unë isha i sigurt.

Jetova kështu për tre vjet, shpesh flija ku të mundja dhe haja një sanduiç herë pas here. Por unë po bëja një përparim të jashtëzakonshëm dhe një ditë më punësuan në një kabare të vogël në bregun e majtë të Senës. Fitoja dhjetë franga në natë dhe shpenzoja dhjetë franga në një taksi për të ngjitur kodrën në Montmartre ku kisha marrë një dhomë të vogël... Por emri im dilte në poster (edhe pse me shkronja të vogla...)! Dhe tashmë mund ta shihja veten në krye të këtij posteri, duke pasur parasysh suksesin që kisha çdo natë. Një ditë takova aktorin Jean-Pierre Darras, i cili më këshilloi të merrja kurse për artin dramatik për të përmirësuar qëndrueshmërinë time në skenë dhe, duke qenë se nuk kisha mundësi, më organizoi që të merrja pjesë në kurset e T.N.P. falas. Kurset e Dullin-it i kam ndjekur për tre muaj, por më pas e kam braktisur se nuk më ka tërhequr fare teatri.

Në atë kohë unë performoja me pseudonimin Claude Celler, të cilin e kisha zgjedhur në homazh të kampionit të skiatorit dhe garave Tony Sailer. Ndryshova drejtshkrimin e mbiemrit të tij në mënyrë që kur kombinohej me emrin tim të vërtetë, të rezultonte me iniciale të dyfishta: C.C.

Në atë kohë fitova disa konkurse radiofonike dhe falë shfaqjeve të mia në kabare të ndryshme, arrita të jetoj pothuajse mirë. Por mbi të gjitha, arrita të kursej mjaftueshëm para për të marrë lejen e drejtimit pikërisht në moshën tetëmbëdhjetë vjeç, siç ishte planifikuar. Por kjo nuk mjaftoi për t'u bërë pilot. Fillimisht duhej të bëheshe emër për të shpresuar të punësoheshe nga një ekip, dhe për këtë duhej të kishe një makinë konkurruese, të merrje pjesë në disa prova si individ dhe mundësisht ta fitoje. Tani, një makinë konkurruese është shumë e shtrenjtë. Më duhej të vazhdoja të kurseja në mënyrë që të mund të shpresoja për të blerë një automjet të tillë. Kështu që vazhdova të performoja dhe të përpiqesha të kurseja para. Disa miq kantautor-kompozitor kishin bërë disqe dhe dukej se kjo u bëri shumë para. Kështu që vendosa të provoj të regjistroj një, pasi tani kam më shumë se njëqind e pesëdhjetë këngë në repertorin tim.
Kompania e parë diskografike ku shkova më ofroi një kontratë trevjeçare të cilën rashë dakord ta nënshkruaja. Drejtor i kësaj kompanie diskografike ishte Lucien Morisse, drejtor i radiostacionit "Europe N°1", i cili kishte lançuar shumë këngëtarë të njohur. Disku im i parë pati një sukses të sinqertë dhe i dyti, falë këngës "Mjaltë dhe kanellë", u vlerësua edhe më shumë. Ndoshta fjalët do t'ju mundësojnë të kujtoni muzikën, siç është luajtur shumë herë në radio:

IL MILLEE DHE CANNELLA

Ça sent le miel et la cannelle

Ça sent de vanille et d'amour

Ça sent le miel et la cannelle

Filles que j'aimerai toujours.

La première était brune et s'appelait Margot

Le soir au clair de lune nous jouions du flutiau

Moi j'ai pris la route de ses yeux

Et le chemin sans doute de ses cheveux.

La deuxième était blonde et s'appelait Marielle
Les sentiers de sa ronde encore je me rappelle
Moi j'ai pris la route de ses yeux
Et le chemin sans doute de ses cheveux.

La troisième était rousse et s'appelait Marion
Pour sa jolie frimousse et son coquin jupon
Moi j'ai pris la route de ses yeux
Et le chemin sans doute de ses cheveux.

Ne pleure pas l'ami, demain c'est le printemps
Elles sont si jolies et tu n'as pas vingt ans
Moi j'ai pris la route de ses yeux
Toi tu prendras la route de ses cheveux.

Më pas kam realizuar shfaqje të shumta dhe kam marrë pjesë në turne të shumta. Gjithçka shkoi mirë dhe gjithashtu pata kënaqësinë të isha përzgjedhur për të marrë pjesë në Trëndafilin e Artë të këngës franceze në Antibes.

Por padyshim ata që më udhëzuan nuk donin që unë të bëhesha një artist shumë njohur. Kjo fazë e jetës sime ishte planifikuar për të zhvilluar ndjeshmërinë time dhe për t'u mësuar të shprehem në publik, por asgjë më shumë.

Një ditë, megjithëse në radio lajmërohej çdo mëngjes se unë isha ndër konkurrentët e përzgjedhur për Rose d'Or që do të mbahej një javë më vonë, Lucien Morisse më mori mënjanë dhe më shpjegoi se ishte i detyruar të më tërhiqte nga Konkurenca dhe pse do ta kuptoja më vonë, por tani për tani ai nuk mund të më thoshte më shumë. Kështu që unë nuk mora pjesë në këtë Trëndafil të Artë.

Kështu që vazhdova të jetoj mjerisht me këngët e mia dhe kuptova se kurrë nuk do të fitoja aq sa për të përballuar atë makinë me të cilën do të futesha në botën e garave. Kështu, kur m'u ofrua të bëhesha përfaqësues i kompanisë diskografike ku kisha incizuar, pranova menjëherë, i bindur se në këtë mënyrë, brenda pak muajsh, do të mund të lë mënjanë mjaftueshëm para.

E gjeta veten në Bordo, nga ku u transferova në pesëmbëdhjetë departamentet për të cilat isha përgjegjës si agjent tregtar. Qëndrova atje për një vit dhe ndalova kur (më në fund...) mbeta mjaft për të blerë një makinë konkurruese.

Mjerisht, nuk pata kohë as të depërtoja në këtë makinë kur një shok e shkatërroi atë në një aksident. Por unë kisha shkruar disa këngë të reja gjatë atij viti në Jugperëndim dhe një mik i pasur më shtyu të ribëja një disk që ai do ta financonte vetë.

Një vit të ri e kalova duke jetuar me vargjet e mia; më pas, si për të më bërë të ndërroj drejtim përfundimisht, pata një aksident të rëndë automobilistik.

Gjatë një turneu tepër të lodhshëm, më kishte zënë gjumi në timon dhe kisha përplasur një mur kokë më kokë me pothuajse njëqind kilometra në orë. Më shumë se dhjetë njerëz kishin vdekur tashmë në atë vend. Dola me disa fraktura, por i gjallë.

I palëvizur për më shumë se tre muaj, kursimet e mia ishin avulluar dhe isha gjithmonë jashtë vrapimit! Unë që kisha ëndërruar të bëja debutimin tim në moshën tetëmbëdhjetë vjeç, në njëzet e dy nuk kisha marrë ende pjesë në asnjë provë...

Duke shkuar në qarqe si spektator, kuptova magjepsjen që ushtronte ky sport te të rinjtë dhe numrin e fëmijëve që donin të bëheshin pilotë pa ditur si ta përballonin problemin. Nga ana tjetër, nuk dija shumë më tepër se ata dhe i thashë vetes se mënyra më e mirë që mund të gjeja për t'iu qasur këtij mjedisi ishte të kisha një profesion që përfitonte nga entuziazmi i të rinjve për këtë specialitet. Mund të shkruaja dhe menjëherë bëra lidhjen: mund të bëhesha gazetar në një revistë automobilistike. Kam kontaktuar me revista të specializuara, por më kot, pasi shumë të rinj të tjerë kishin të njëjtën ide.

Teksa shfletoja faqet e "L'Equipe" të rezervuara për makina, më ra në sy një reklamë e vogël në kërkim të fotoreporterëve, qoftë edhe fillestarë. Unë shkrova dhe ata m'u përgjigjën se kandidatura ime ishte marrë në konsideratë dhe se duhet të paguaja njëqind e pesëdhjetë franga për shpenzimet e shkresave. Në këmbim do të merrja një film për të bërë një xhirim testues për një temë të zgjedhur nga unë. I dërgova paratë dhe mora filmin. Me sa duket mbulova një garë me motor dhe i dërgova fotot në adresën e treguar.

Shumë shpejt mora një letër që më ftonte të telefonoja në Dijon, ku ndodhej selia e kompanisë që kishte vendosur reklamën e vogël. Më vonë takova pronarin e kësaj shtëpie "botuese", një burrë rreth tridhjetë vjeç, i cili pretendonte se kishte "bërë pasurinë e tij" në Shtetet e Bashkuara në fotografi dhe që dukej shumë i interesuar për idenë time për të krijuar një revistë sportive motorike që synonte të rinjtë që donin të bëheshin shoferë garash. Më në fund, më ofroi një punë si kryeredaktor i një gazete që do të dilte disa muaj më vonë. Më tregoi objektin që do të blinte për të ngritur shtypshkronjën, më prezantoi me printerin e Dijonit që kishte marrë si menaxher dhe më tregoi shtëpinë ku mund të jetoja me gruan time, pak larg zyrës. Unë u përgjigja se ishte mirë me mua për aq kohë sa mund të vrapoja dhe të merresha me gara. Më pas më tha se, nëse preferoja, kishte nevojë edhe për dikë të aftë për të drejtuar një shërbim konkursi, pasi shpresonte të nxirrte gazetën e re duke drejtuar makina garash me ngjyrat e tij. Kjo do të më lejonte të zhytesha plotësisht në këtë mjedis dhe pranova të bëhesha drejtor i shërbimit të konkurrencës të kësaj kompanie.

Një javë më vonë, unë dhe gruaja ime u transferuam nga Parisi në Dijon. Isha i martuar për rreth tre muaj dhe gruaja ime priste një vajzë. Marie-Paule-n e kisha takuar në qershor dhe ishim të pandarë që nga dita që u takuam për herë të parë. Tre muaj më vonë ne u martuam, vetëm nga konsiderata për familjen e tij, tashmë shumë të tronditur që nuk donim të martoheshim fetarisht. Ishte një familje plot me princa të vjetër, ku munda të ndiqja lutjet para ngrënies që në fillim...
Qëndrimi im në Dijon zgjati vetëm dy muaj dhe nuk mora asnjë rrogë. Doli se amerikani i pasur që donte të hapte një gazetë sapo kishte dalë nga burgu dhe ishte pa para! Ai kishte mashtruar një shumë parash nga njëqind e pesëdhjetë deri në treqind franga nga më shumë se pesëqind të rinj që, si unë, ëndërronin të bëheshin shoferë garash ose fotoreporterë. Kisha punuar dy muaj për asgjë dhe e gjeta veten me idetë e mia dhe pa para.

Këtë herë vendosa të futem në turin e madh të botimeve. U transferova në Clermont-Ferrand, pranë nënës sime, për ta njohur me gëzimin e të qenit gjyshe së shpejti dhe krijova një shtëpi botuese për të botuar një revistë të frymëzuar nga idetë e mia.
Kjo revistë lindi në një kohë të shkurtër falë një printeri gjithashtu të apasionuar pas automobilizmit, i cili pranoi rrezikun për të më dhënë kredi pa pasur asnjë garanci për t'i dhënë.

Gazeta doli shpejt dhe shumë shpejt u bë ndër të parat në specialitetin e saj. Unë gjithashtu i rezervova vetes pjesën më interesante, pra testimin e modeleve të reja në rrugë dhe në qarkun e mrekullueshëm Mas-du-Clos në Creuse. Kështu u njoha me botën e vështirë të garave dhe arrita të marr hua disa makina garash. Ëndrra ime më në fund u realizua. Unë gjithashtu munda të shihja se isha shumë i talentuar pasi kisha fitore të shumta që nga debutimi i mi me makina që nuk i njihja.

Më pas jetova tre vite të mrekullueshme, duke përparuar pa pushim në drejtim të drejtimit dhe teknikës dhe duke jetuar qind për qind në mjedisin që doja: atë të automobilizmit. Duhet të them se ndjeva një gëzim të vërtetë duke i shtyrë vazhdimisht kufijtë e mi dhe duke kontrolluar gjithnjë e më shumë reagimet dhe reflekset e mia. As zhurma e motorit dhe as era e gazit të djegur nuk më interesuan dhe duhet të pranoj se më pëlqente të ëndërroja rregulloret që detyronin prodhuesit e makinave garash të ndërtonin automjete që nuk lëshojnë erë dhe nuk bëjnë zhurmë, për të shijuar vetëm ndjesitë. të pilotimit në nivelin më të pastër.
Por gjithçka u përmbys më 13 dhjetor 1973...

Takimi

Pra, këtu është një përmbledhje e gjerë e ngjarjeve që i paraprinë ditës së jashtëzakonshme të 13 dhjetorit 1973, kur, në kraterin e një vullkani në Auvergne, Puy-de-La-Sola, takova jashtëtokësorin për herë të parë, ose më shumë, pikërisht Eloha (shumës Elohim), të cilin do ta shihja përsëri në të njëjtin vend për gjashtë ditë rresht dhe që, çdo herë për rreth një orë, më diktoi Librin që flet të Vërtetën dhe zbulesat e tij fantastike. Meqë ra fjala, gabimisht e kisha quajtur këtë vend Puy-de-la-Vache, që megjithatë është emri i vullkanit që ndodhet pikërisht pranë Puy-de-La-Sola.

Më duhet të pranoj që ditët e para mendova nëse do të guxoja të flisja për të gjitha këto me dikë. Fillimisht u përpoqa t'i organizoja shënimet që kisha marrë në mënyrën më të mirë, por shumë shpejt, ndërsa bashkëbiseduesi im fliste. Kur mbarova këtë vepër, dorëshkrimin origjinal ia dërgova një shtëpie botuese që e konsideroja serioze, pasi, me sa dija, nuk botonin vepra ezoterike apo fantashkencë; Në fakt, doja që ky mesazh me rëndësi kapitale për njerëzimin të mos zhytej në një sërë aventurash misterioze apo "librash të zinj" që ushqejnë shijen e njerëzve për shkencat paralele. Marcel Jullian, i cili drejtonte këtë shtëpi botuese, më ftoi të shkoja në Paris dhe më tha se ishte sensacionale, por se ishte absolutisht e nevojshme të tregoja historinë time të jetës përpara se të flisja për mesazhin dhe se ndoshta do të kishte "disa detaj për ndryshim". Kjo ishte absolutisht jashtë diskutimit. Nuk doja të tregoja jetën time në njëqind faqe dhe më pas të jepja mesazhin që më përcillnin, sikur personi im të ishte po aq i rëndësishëm sa ajo që më porositën të zbuloja. Doja të publikoja mesazhin dhe vetëm mesazhin, edhe nëse kjo do ta kishte bërë librin jo shumë voluminoz dhe për rrjedhojë jo shumë interesant për një botues. Prandaj i kërkova M. Julianit të ma kthente dorëshkrimin.

Ai u përgjigj se nuk e kishte me vete sepse e kishte hequr një lexues, por kur të kthehej do të ma dërgonte me postë. Kthehu në Clermont-Ferrand, pak kohë më vonë mora një telegram që më ftonte të shkoja në Paris për të marrë pjesë në shfaqjen televizive të Jacques Chancel, "Le Grand Échiquier" (The Grand Chessboard, N.d.T.).

Ky i fundit, përgjegjës për një seri të shtëpisë botuese ku i kisha dërguar dorëshkrimin tim, e kishte lexuar dhe e kishte kuptuar se ishte diçka absolutisht e jashtëzakonshme, pavarësisht nëse njerëzit më besonin apo jo. Kështu që unë mora pjesë në këtë transmetim dhe mijëra letra që mora më pas treguan se, edhe nëse dikush qeshte, kishte shumë që e merrnin shumë seriozisht dhe donin të më ndihmonin. Por ditët kalonin dhe dorëshkrimi im ende nuk u kthye. I shkrova një letër rekomande botuesit, i cili m'u përgjigj se do të ma kthenin dorëshkrimin, por ende nuk ishte gjetur. Pas dhjetë ditësh u ktheva në Paris për të "bërë diçka" pasi askush nuk donte të më përgjigjej kur telefonova për të pyetur nëse e kishin rikuperuar. Rrobaqepësi i famshëm Courrèges, i cili më kishte kontaktuar pas interesimit të ngjallur tek ai nga shfaqja ime televizive, pranoi të më shoqëronte te botuesi për të mësuar se çfarë kishte ndodhur saktësisht me dorëshkrimin. M. Jullian na tha se lexuesi që kishte marrë mesazhin ishte larguar me pushime duke e marrë me vete dhe se ne nuk dinim ku ta gjenim... vërtet e çuditshme... Më në fund ishte M. Courrèges ai që arriti të shërohej. dorëshkrimin dhe kujt ia ktheu personalisht. Unë ende pyes veten nëse ai ishte me të vërtetë i humbur apo nëse në vend të kësaj u përpoq të parandalonte botimin e tij. Dhe nëse dorëshkrimet me të vërtetë humbasin kaq lehtë në këtë shtëpi botuese, unë i dekurajoj fuqimisht autorët që të dërgojnë origjinalet e tyre...

E frikësuar nga kjo fatkeqësi dhe përballë numrit të letrave të dërguara nga njerëz të etur për të marrë në dorë librin që përmban mesazhin sapo u botua, Marie-Paule më sugjeroi të largohesha punën e saj si infermiere për t'iu përkushtuar botimit dhe shpërndarjes së këtij dokumenti të jashtëzakonshëm. Unë pranova, pasi isha i sigurt se duke vepruar kështu do të kisha kontroll të përhershëm mbi përdorimin e këtyre shkrimeve.

Menjëherë e ndërpreva punën në revistën e automobilave, një profesion që nuk përputhej me seriozitetin e misionit që më ishte besuar dhe në vjeshtën e vitit 1974 libri doli nga shtypshkronja. Tronditja nervore e shkaktuar nga kjo përmbysje e paparashikueshme e ekzistencës sime kishte rezultuar në fillimin e një dhimbje stomaku, e cila pothuajse më çoi në fillimin e një ulçere, një gastrit i rëndë që më kishte bërë të vuaj gjithë dimrin. Asnjë ilaç nuk ishte në gjendje t'i ndryshonte gjërat, dhe vetëm kur vendosa të rifitoja qetësinë duke u kënaqur në seancat e frymëmarrjes dhe meditimit, dhimbjet u zhdukën si me magji.

Në muajin qershor mora pjesë në një program televiziv të drejtuar nga Philippe Bouvard, "Samedi-Soir" (mbrëmja e së shtunës N.d.T.), dhe ky i fundit, sarkastik si zakonisht, kishte maskuar një nga asistentët e tij si "marsian", me antena rozë. dhe një kominoshe jeshile, për të pyetur më pas nëse personazhi që kisha takuar dukej i tillë... Por publiku, i interesuar për ato pak gjëra që më kishin lënë të them, shkroi në numër të madh për të qortuar Philippe Bouvard që nuk më kishte marrë seriozisht. Përballë mijëra letrave që mori, më pas vendosi të më bënte të kthehesha për një episod tjetër ku mund të them diçka më shumë...
I bindur se në çdo rast nuk do të më linte të flisja sa duhet, vendosa të marr me qira dhomën Pleyel për një datë menjëherë pas transmetimit televiziv dhe t'u njoftoja shikuesve të interesuar se brenda pak ditësh do të mbaja një leksion atje. Kisha marrë me qira një sallë 150 vendesh me një opsion për sallën 500 vendesh, pa e ditur se sa njerëz do të mund të vinin të më dëgjonin. Më shumë se tre mijë njerëz erdhën! Dhoma duhej të evakuohej për arsye të dukshme sigurie, duke lejuar hyrjen vetëm të numrit të lejuar. Të tjerëve u njoftua se do të mbaja një tjetër leksion disa ditë më vonë, në sallën e madhe dymijë vendësh. Sigurisht që shumë njerëz nuk u larguan me zemër të mirë, pasi disa prej tyre kishin bërë disa qindra kilometra...

Në fund gjithçka shkoi mirë, dhe unë arrita të konstatoj se përveç tallësve të pashmangshëm që nga ana tjetër arrita t'i tallja për shkak të mospërputhjes së pyetjeve të tyre, një numër i madh njerëzish ishin të gatshëm të më ndihmonin dhe më mbështesnin. . Edhe pse ndihesha jashtëzakonisht e tensionuar, pasi nuk e ndjeva kurrë kur këndoja, gjithçka funksionoi mirë. Përgjigjet e pyetjeve më të vështira ranë në buzët e mia vetë. U ndjeva vërtet i ndihmuar nga lart, siç më premtuan. Kisha përshtypjen se e dëgjoja veten të përgjigjesha me fjali që nuk do të kisha qenë në gjendje t'i konceptoja vetë.
Disa ditë më vonë u mbajt konferenca e dytë. Kisha frikë se njerëzit që nuk arritën të hynin herën e parë nuk do të ktheheshin më dhe se do të përfundoja me një sallë të kushtueshme me qira që ishte tre të katërtat e zbrazët. Për më tepër, nuk kishte pasur asnjë publicitet të mëtejshëm që nga transmetimi televiziv, përveç një artikulli të vogël në gazetën France-Soire, e vetmja që kishte pranuar të shpallte këtë konferencë të dytë në tre rreshta. Akoma mbi dy mijë njerëz morën pjesë dhe salla ishte e mbushur plot! Ishte një triumf. Këtë herë nuk kisha më asnjë dyshim për suksesin e misionit tim.

Konferencat

Kështu, duke filluar nga muaji shtator, kam mbajtur rreth dyzet konferenca dhe kam mundur të konstatoj se cilat pyetje janë bërë më shpesh. E pashë numrin e anëtarëve të MADECH në rritje të vazhdueshme, ndërkohë që zyrat rajonale u strukturuan në të gjitha qytetet e mëdha të Francës rreth anëtarëve më dinamikë.

Kam parë gjithashtu gazetarë që e bëjnë shumë mirë punën e tyre, që është të informojnë audiencën e tyre, duke shkruar ose thënë saktësisht atë që kanë parë ose atë që kanë lexuar; të tjerë, si ato të gazetës Le Point, botonin artikuj gënjeshtar, pa i korrigjuar me përpikëri shkrimet e tyre edhe pasi kishin marrë letra rekomande që u kujtonin se, në përputhje me të drejtën e përgjigjes, ata ishin të detyruar t'i korrigjonin ato artikuj shpifës. Të tjerë të tjerë, si ato të gazetës La Montagne, thjesht refuzuan t'u njoftonin lexuesve të tyre se po mbaja një leksion në Clermont-Ferrand, duke abuzuar më tej me faktin se kjo gazetë është e vetmja gazetë në rajon. Kryeredaktori i kësaj gazete, ndër të tjera, më priti për të deklaruar se nuk do të raportonte kurrë për mua dhe aktivitetet e mia në gazetën e tij. E gjithë kjo sepse, kur bëra televizionin tim të parë, nuk u pëlqeu fakti që nuk ishin informuar para se të flisja në ORTF... Histori e trishtë dhe një pamje e mrekullueshme e lirisë së shprehjes. Ata gjithashtu refuzuan të publikonin një reklamë me pagesë që lajmëronte konferencën e sipërpërmendur, ndërkohë që në të njëjtën gazetë reklamimi i filmave pornografik u bë i plotë... Sa i përket gazetës Le Point, ajo thjesht kishte transformuar një shëtitje të anëtarëve të MADECH në faqet e 'takimi në një takim të humbur me Elohim-in... Ja si të veprosh në përpjekje për të tallur një shoqëri që po lind.

Është padyshim më e lehtë dhe më pak e rrezikshme që një gazetë me tirazh të madh të fajësojë MADECH-n sesa Kishën dhe uzurpimin e saj dymijëvjeçar. Por do të vijë dita kur ata që janë përpjekur të fshehin apo shtrembërojnë të vërtetën do të pendohen për gabimet e tyre.

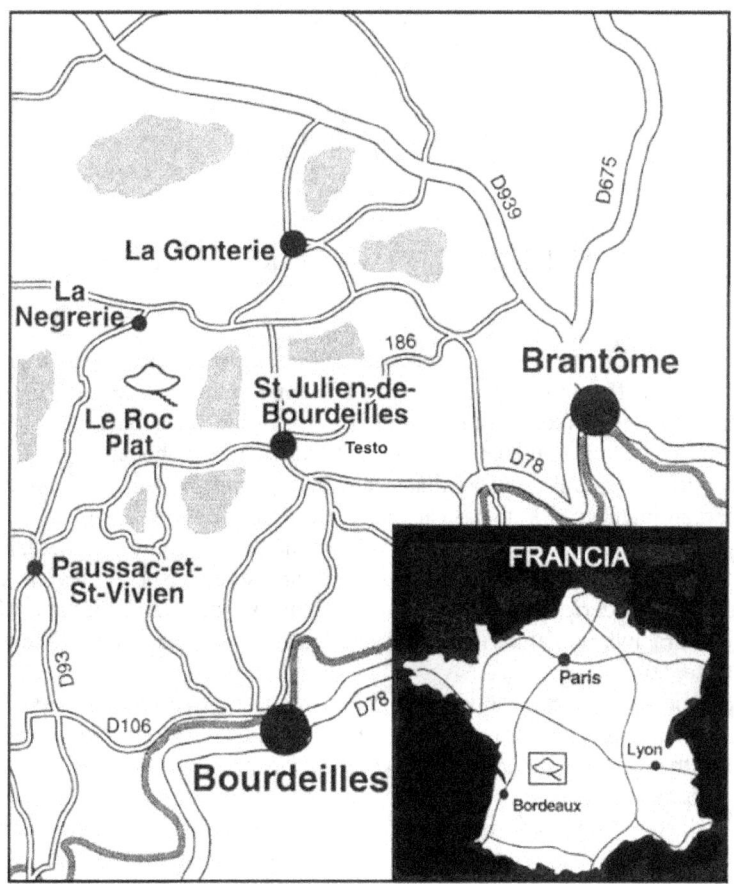

Harta e vendit ku, më 7 tetor 1975, u zhvillua takimi i dytë i Raelit me Elohim: Roc Plat, afër Brantôme, i cili ndodhet në rajonin Perigord.

Kapitulli II

Takimi i dytë

Shfaqja e 31 korrikut 1975

Në muajin qershor 1975 vendosa të jepja dorëheqjen nga posti i presidentit të MADECH, nga njëra anë sepse më dukej se kjo lëvizje tani mund të shkonte shumë mirë pa mua, dhe nga ana tjetër sepse mendoja se kisha bërë gabim duke e strukturuar këtë shoqatë sipas ligjit të vitit 1901, duke e asimiluar këtë lëvizje me rëndësi kapitale për njerëzimin në një klub tasash dhe luftëtarësh të vjetër... Më dukej e nevojshme të krijohej një lëvizje më shumë në përputhje me mesazhin fantastik që Elohim më kishte transmetuar, përkatësisht një lëvizje që respektonte deri në germë atë që këshillonin krijuesit tanë, përkatësisht geniokracinë, humanitarizmin, heqjen dorë nga të gjitha praktikat fetare deiste, etj.

Një shoqatë e bazuar në ligjin e 1901 ishte përkufizim në kundërshtim me mesazhin, të paktën në formën në të cilën e kishim strukturuar, pasi të gjithë anëtarët kishin të drejtë vote dhe për rrjedhojë nuk respektohej gjenokracia, sipas së cilës vetëm anëtarët më të zgjuar. ata mund të marrin pjesë në vendime. Kështu që më duhej ta rregulloja këtë gabim në nivelin më të lartë pa e shtypur MADECH. Në pritje të modifikimeve më efektive nga pikëpamja e strukturave të saj, në vend të kësaj do ta kisha transformuar në një shoqatë mbështetëse (të cilës regjimi i vendosur nga ligji i 1901 nuk i dha asnjë telash) lëvizjes reale që do të kisha krijuar. me anëtarët më të hapur të MADECH që dëshironin: Kongregacioni i Guides MADECH. Kjo shoqëri e padeklaruar do të bashkonte ata njerëz që dëshironin të hapnin mendjet e qenieve njerëzore drejt pafundësisë dhe përjetësisë dhe të bëheshin udhërrëfyes për njerëzimin, duke zbatuar me përpikëri atë që kërkohej në mesazhin e Elohim.

Në këtë shoqëri që kërkon në çdo mënyrë të mbyllë mendjet me goditjet e feve deiste, me edukimin e përgjumur, me transmetimet televizive kundër opinionit dhe me betejat politike mendjengushtë, prandaj do të isha përpjekur të formoja dhe inicioja njerëz që mund të ishin larguar në rrugët e bota të përpiqet me radhë të hapë mendjet. Kështu, MADECH u bë një organizatë mbështetëse, një kontakt i parë me njerëzit që zbuluan mesazhin dhe ruajtën të gjithë rëndësinë e tij. Në një farë mënyre MADECH u bë një lëvizje mbështetëse e përbërë nga "praktikuesit" dhe Kongregacioni i Udhërrëfyesve një lëvizje e përbërë nga "murgjit" që udhëzonin praktikuesit. E dija që në mesin e anëtarëve të MADECH kishte njerëz krejtësisht të aftë për ta drejtuar dhe këtë e pata konfirmimin në zgjedhjet e bordit drejtues. Zëvendësuesi im si president, Christian, ishte një fizikant me një të ardhme të caktuar, dhe pjesa tjetër e bordit përbëhej nga njerëz po aq përfaqësues dhe kompetent.

Ishte gjithashtu në muajin qershor që François, një nga anëtarët më të devotshëm të MADECH dhe në të njëjtën kohë një nga më të hapurit, erdhi të më takonte në Clermont-Ferrand. E informova për dëshirën time për të gjetur një shtëpi në fshat, në një vend sa më të izoluar, për të pushuar pak dhe për të shkruar në heshtje një libër në të cilin do të tregoja gjithçka që më kishte ndodhur para 13 dhjetorit 1973. , për të dalë përpara kujtdo që donte të tregonte gjëra të rreme për të kaluarën time. Ai më tha se kishte një fermë në një cep të largët të Perigordit dhe se nëse më pëlqente vendi, mund të shkoja atje për të kaluar një ose dy muaj, ose edhe të qëndroja sa të doja, pasi askush nuk jetonte atje. Pa pritur më tej, morëm makinën për të shkuar për të vizituar vendin dhe duke u përballur me qetësinë dhe qetësinë e rajonit, vendosa të qëndroj atje për dy muaj. Pas dy javësh më pëlqeu aq shumë sa fillova të mendoj seriozisht për t'u vendosur atje përgjithmonë. François na u bashkua në fund të korrikut dhe së bashku filluam të shqyrtonim lëvizjen time për ditën pas takimit të 6 gushtit në Clermont-Ferrand. Nuk e kisha vendosur akoma fare, sepse kisha frikë se mos e tradhtoja pak misionin tim duke u larguar nga vendi i takimit tim të mrekullueshëm. Por më 31 korrik, kur me partneren time Marie-Paule dhe François dolëm për të marrë pak ajër të pastër, pamë një objekt fluturues në dukje të madh, por të heshtur, që bënte evolucione të jashtëzakonshme pothuajse mbi shtëpi.

Lëvizte vrullshëm, ndonjëherë me shpejtësi të paimagjinueshme, dhe më pas ngriu në çast dhe u largua me zigzage rreth pesëqind metra larg nesh. Isha shumë e lumtur që të tjerë mund të ndiqnin këtë shfaqje me mua dhe më pas më pushtoi një ndjenjë e papërshkrueshme lumturie. François më tha se flokët në kokë i ngriheshin nga emocioni. Për mua, ishte një shenjë e qartë e pëlqimit të Elohim që unë të shkoja në këtë rajon.

Të nesërmen në mëngjes vura re se kisha një shenjë të çuditshme në krah, në lartësinë e bicepsit pranë rrudhës së bërrylit. Nuk u lidha menjëherë me shfaqjen e një dite më parë, por më vonë shumë njerëz më thanë se mund të ishte vetëm një markë e bërë prej tyre. Ishte një rreth i kuq me diametër rreth tre centimetra dhe trashësi pesë milimetra, brenda të cilit kishte tre rrathë më të vegjël. Kjo shenjë mbeti e pandryshuar për dy javë, më pas tre rrathët në qendër u shndërruan në një rreth të vetëm, për të formuar dy rrathë koncentrikë. Më vonë, pas dy javësh të tjera, të dy rrathët u zhdukën duke lënë një pikë të qartë në krahun tim që e kam ende. Unë insistoj që nuk kam vuajtur kurrë nga kjo markë dhe nuk kam ndjerë as më të voglin kruajtje gjatë gjithë kohës që e kam pasur. Disa shkencëtarë mendjehapur, të cilëve u tregova këtë shenjë, spekuluan se mund të ishte një kampionim i bërë falë një lazeri të përmirësuar.

Më në fund, takimi i 6 gushtit u zhvillua siç ishte planifikuar në kraterin Puy-de-La-Sola dhe harmonia dhe vëllazëria që mbretëroi gjatë këtij takimi ishin vërtet të admirueshme. Kisha vendosur ta organizoja këtë takim të anëtarëve të MADECH në këtë datë pa e ditur realisht arsyen, por në fakt Elohim më kishte udhëzuar sepse disa anëtarë më theksuan se dita e takimit ishte pikërisht tridhjetë vjetori i shpërthimit të bombë në Hiroshima dhe gjithashtu përvjetori i një feste të krishterë: Shpërfytyrimi. Një rastësi, do të thonë budallenjtë.

Pas këtij takimi, disa anëtarë të MADECH më ndihmuan të lëvizja dhe u vendosa përgjithmonë në Perigord.

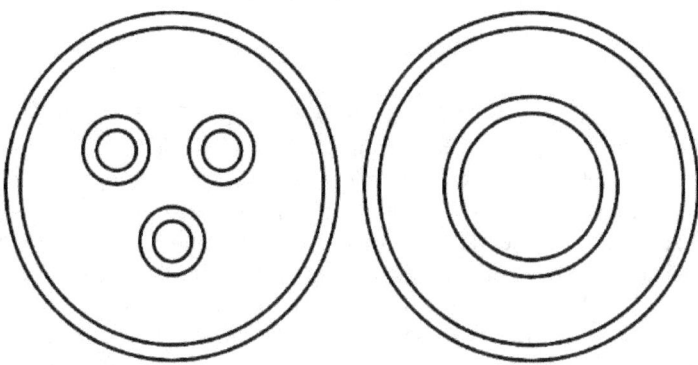

Në të majtë, shenja që u shfaq në krahun tim më 1 gusht 1975 pasi një objekt fluturues kishte kaluar mbi shtëpinë ku banoja në atë kohë një ditë më parë.
Në të djathtë, e njëjta shenjë pas transformimit që ndodhi dy javë më vonë.

Mesazhi i dytë

Më 7 tetor, rreth orës 23:00, papritmas më erdhi dëshira të dilja për të parë qiellin. Meqenëse ishte shumë ftohtë, vesha diçka të ngrohtë dhe eca gjatë natës. Pa e kuptuar, mora një drejtim shumë specifik dhe papritmas ndjeva nevojën të shkoja në një cep të izoluar që më kishte treguar Fransua gjatë verës; është një vend i pabanuar, i vendosur midis dy përrenjve dhe i rrethuar nga pyje, i quajtur Roc Plat. Arrita atje rreth mesnatës, duke pyetur veten se çfarë kisha ardhur të bëja. Por unë ndoqa intuitën time pasi më thanë se mund të më drejtonin telepatikisht. Qielli ishte i mrekullueshëm dhe yjet shkëlqenin gjithandej; nuk kishte as një re. Fillova të shikoja yjet që xhironin kur, papritur, i gjithë fshati u ndez dhe pashë një top të madh zjarri, si një shkëndijë, që shfaqej pas vegjetacionit. Përparova drejt vendit ku ishte shfaqur ai top zjarri, i mbushur me gëzim të pamasë, pasi isha pothuajse i sigurt për atë që do të zbuloja.
I njëjti objekt fluturues që kisha parë për gjashtë ditë radhazi në muajin dhjetor 1973 ishte aty përballë dhe e njëjta qenie që kisha takuar dy vjet më parë më afrohej me një buzëqeshje plot ëmbëlsi. Vura re menjëherë vetëm një ndryshim: ai nuk kishte më kostumin e zhytjes që herën e mëparshme e krijonte si një aureolë rreth fytyrës së tij. Pas gjithë kohës që kalova duke u përpjekur t'i bëja botës të kuptonte se po thoja vërtet të vërtetën, u ndjeva jashtëzakonisht e lumtur që pashë përsëri atë që kishte qenë përgjegjës për ta kthyer jetën time përmbys. Unë iu përkula dhe ai foli:
"Çohu dhe më ndiq. Jemi shumë të kënaqur me të dhe me gjithçka që ka bërë në këto dy vite. Tani ka ardhur koha për të kaluar në fazën tjetër, pasi ajo na ka dëshmuar se mund t'i besojmë asaj. Në fakt, këto dy vite kanë shërbyer për ta vënë atë në provë. Ju mund të vini re se sot nuk kam asnjë mbrojtje rreth fytyrës sime dhe se automjeti im ju shfaq papritur pa drita ndezëse. Në fakt, këto ishin masa paraprake që synonin ta qetësonin atë. Kjo është arsyeja pse unë iu shfaqa asaj me një pamje që përputhej me imazhin që është bërë përgjithësisht i një udhëtari në hapësirë. Por tani ju keni evoluar mjaftueshëm për të mos u frikësuar më, kështu që ne nuk i përdorim më këto teknika të prekjes."

E ndoqa në makineri dhe munda të shihja se brenda, gjithçka ishte e ngjashme me atë që kisha parë gjatë takimit tim të parë: muret kishin të njëjtën pamje metalike si pjesa e jashtme, nuk kishte panel kontrolli, as instrumente dhe as vrima. ; dyshemeja ishte prej një materiali blu të tejdukshëm, mbi të cilin ishin vendosur dy kolltuqe nga një material transparent që të kujtonte disi kolltukë plastikë të fryrë, pa qenë megjithatë të pakëndshëm në prekje. Më ftoi të ulem në një nga dy kolltukët. Ai u ul në anën tjetër dhe më kërkoi të qëndroja pa lëvizur. Më pas ai shqiptoi disa fjalë në një gjuhë të pakuptueshme dhe mendova se ndjeva pajisjen duke u lëkundur pak. Pastaj, krejt papritur, ndjeva një ndjesi të ftohtë të fortë, sikur i gjithë trupi im ishte shndërruar në një bllok akulli, ose më mirë, sikur mijëra kristale akulli depërtuan nga të gjitha poret e lëkurës time deri në palcën time. kockat.. Kjo zgjati një kohë shumë të shkurtër, ndoshta disa sekonda, dhe më pas nuk ndjeva asgjë përsëri. Pastaj bashkëbiseduesi im u ngrit dhe tha:
"Ai mund të vijë, ne kemi ardhur".

E ndoqa në shkallët e vogla. Aparati ishte i imobilizuar në një hapësirë rrethore me pamje metalike, rreth pesëmbëdhjetë metra në diametër dhe rreth dhjetë metra në lartësi. Një derë u hap dhe udhërrëfyesi im më tha të hyja. Më kërkuan të zhvishesha plotësisht dhe të prisja udhëzime të mëtejshme. E gjeta veten në një hapësirë tjetër rrethore, pa këndin më të vogël dhe që duhet të ketë qenë rreth katër metra në diametër. I hoqa te gjitha rrobat dhe nje ze me tha te hyja ne dhomen qe ishte perballe meje.

Menjëherë u hap një derë dhe hyra në një dhomë tjetër të ngjashme me atë ku kisha lënë rrobat, por më e zgjatur dhe disi të kujtonte një korridor. Përgjatë gjatësisë së tij kishte drita me ngjyra të ndryshme, të cilat i kaloja me radhë. Më pas zëri më tha se, duke ndjekur shigjetat që pashë në dysheme, do të mbërrija në një dhomë tjetër ku më priste një banjë. Në këtë dhomë tjetër gjeta një vaskë të ndërtuar në dyshemë. Uji ishte i vakët në pikën e duhur dhe i parfumuar në mënyrë diskrete. Më pas zëri më këshilloi të plotësoja nevojat e mia natyrore, gjë që bëra, dhe më pas më kërkoi të pija përmbajtjen e një gote të vendosur në një tavolinë të vogël pranë murit metalik. Ishte një lëng i bardhë, me aromë të këndshme me bajame dhe shumë i freskët. Më pas më sugjeruan të vishja një lloj pizhame shumë të buta që dukej se ishin prej mëndafshi. Ishte e bardhë, shumë delikate në prekje dhe më priste në një raft tjetër.

Më në fund u hap një derë e fundit dhe aty gjeta udhërrëfyesin tim të shoqëruar nga dy qenie të tjera të ngjashme me të, por me tipare të ndryshme, megjithëse ishin edhe shumë miqësore.

Unë u bashkua me ta në një dhomë të madhe ku gjithçka ishte thjesht e mrekullueshme. Ai ishte i rregulluar në nivele të ndryshme dhe duhet të kishte një diametër total prej njëqind metrash. Ajo mbulohej tërësisht nga një kupolë absolutisht transparente, aq transparente sa që në shikim të parë nuk dukej as që kishte një kube. Mijëra yje u shpërndanë nëpër qiellin e zi, e megjithatë e gjithë dhoma ishte e ndriçuar sikur të ishte ditë me një dritë të këndshme, me pamje natyrale. Dyshemeja ishte e mbuluar me peliçe dhe qilima shag me ngjyra të mahnitshme dhe magjepsëse.

Kudo kishte vepra arti, njëra më e shkëlqyer se tjetra, disa prej të cilave kishin ngjyra të ndezura dhe të ndryshueshme; Më pas vura re, të pozicionuara aty-këtu, disa bimë të kuqe të ndezura dhe të tjera blu, të bukura si peshqit ekzotikë dhe disa metra të larta. Një muzikë ambienti, e bërë nga tinguj të ngjashëm me ato të një organi dhe dridhjet e një tehu metalik, shoqëruar me kore dhe base me vibrime jashtëzakonisht magjepsëse, i bënte lulet të lëviznin në ritmin e saj, duke ndryshuar ngjyrat e tyre sipas stilit të ndarjes.

Sa herë që dikush fliste, muzika ulej lehtë në mënyrë që ne të kuptonim njëri-tjetrin pa u shqetësuar dhe pa pasur nevojë të ngrinim zërin. Më në fund, ajri u parfumua me një mijë aroma të cilat gjithashtu ndryshonin sipas muzikës dhe vendit ku ndodhej. Salla ishte e ndarë në një duzinë zonash të veçanta, të vendosura në nivele të ndryshme dhe secila prej tyre kishte një karakter të veçantë. Në mes të gjithë kësaj plagos një përrua të vogël.

Atëherë udhërrëfyesi im, për të cilin dy miqtë e tij dukej se kishin shumë vëmendje dhe respekt, më tha:
"Me ndiq mua. Eja të ulemi se kam shumë gjëra për të të thënë".

E ndoqa derisa arrita në një vend ku kishte një grup kolltuqesh dhe divanesh me lesh të zi shumë të butë, ku u ulëm të katër.
Më pas udhërrëfyesi im foli:

"Sot do t'ju jap një mesazh të dytë, i cili do të plotësojë atë që ju kam diktuar në dhjetor 1973. Ju nuk keni çfarë të mbani shënime, por mos u shqetësoni: gjithçka që unë ju them do të mbetet në mendjen tuaj sepse ne kemi një teknologji që do t'i lejojë asaj të kujtojë gjithçka që dëgjon. Fillimisht, dëshirojmë t'ju përgëzojmë për gjithçka keni bërë në këto dy vite, por gjithashtu ju paralajmërojmë se vazhdimi i misionit tuaj ndoshta do të jetë më i vështirë. Në çdo rast, kurrë mos u dekurajoni sepse do të shpërbleheni për përpjekjet tuaja, pavarësisht se çfarë.

Si fillim, është e nevojshme të korrigjojmë një pasazh të mesazhit që ai e ka transkriptuar gabimisht, në lidhje me një ndërhyrje të mundshme nga ana jonë për të shkatërruar njerëzimin. Duhet thënë qartë se ne nuk do të ndërhyjmë kurrë. Njerëzimi tani po arrin një pikë kthese në historinë e tij dhe e ardhmja e tij varet vetëm nga ajo.

Nëse ajo mund të kontrollojë agresionin e saj ndaj vetes dhe mjedisit në të cilin ndodhet, ajo do të arrijë në epokën e artë të qytetërimit ndërplanetar për të jetuar në lumturi dhe zgjim universal. Nëse, përkundrazi, i nënshtrohet dhunës, ai do ta shkatërrojë veten drejtpërdrejt ose tërthorazi.

Nuk ka asnjë problem të pakapërcyeshëm shkencor apo teknik për gjeniun njerëzor, me kusht që gjeniu njerëzor të vihet në pushtet. Një qenie me tru të mangët mund të kërcënojë paqen e botës ashtu si një qenie gjeniale mund t'i sjellë asaj lumturi. Sa më shpejt që të vini në praktikë geniokracinë, aq më shpejt do të eliminoni rreziqet e një kataklizme për shkak të qenieve me tru të evoluar dobët.

Në rast se një kataklizëm shkatërron njerëzimin, vetëm njerëzit që e ndjekin do të shpëtohen dhe ata do të duhet të ripopullojnë tokën e shkatërruar kur të hiqet çdo rrezik, siç ka ndodhur tashmë në kohën e Noeut".

Budizëm

Budizmi shpjegon se, në kohën e vdekjes, "shpirti" i të vdekurit duhet të jetë mjaftueshëm vigjilent për t'i shpëtuar "demonëve" të shumtë, përndryshe ai rimishërohet duke rënë përsëri në cikël. Nëse, nga ana tjetër, ajo arrin të shpëtojë nga këta demonë të famshëm, ajo i shpëton vetë ciklit, duke arritur gjendjen e lumturisë përmes zgjimit. Në të vërtetë ky është një përshkrim shumë i mirë që nuk vlen për individin, por për njerëzimin në tërësi, i cili duhet t'u rezistojë demonëve që mund ta bëjnë atë të kthehet në cikël sa herë që është në gjendje të zgjedhë. Këta demonë përbëhen nga agresioni kundër llojit të vet dhe kundër natyrës në të cilën jeton, dhe gjendja e lumturisë përmes zgjimit përfaqësohet nga epoka e artë e qytetërimit, ku shkenca vihet në shërbim të qenieve njerëzore. Kjo është "parajsa tokësore" ku të verbërit mund të shohin dhe ku të shurdhërit mund të dëgjojnë falë shkencës. Të mos qenit shumë mosbesues ndaj këtyre "demonëve" që e çojnë njeriun në rënie drejt "rimishërimi", çon në një përparim të ri të ngadaltë nga gjendja e primitivitetit në një botë armiqësore drejt asaj të një populli të evoluar, me gjithçka që përfshin në aspektin e vuajtjes. . Është për këtë arsye që në simbolin tonë paraqitet kryqi svastika ose gamata, i cili është i pranishëm në shumë shkrime antike dhe përfaqëson ciklin. Bëhet fjalë për zgjedhjen midis parajsës së dhënë nga përdorimi paqësor i shkencës dhe ferrit të kthimit në gjendjen primitive, ku qenia njerëzore vuan natyrën në vend që ta dominojë atë për të përfituar prej saj.

Në një farë kuptimi, në një shkallë kozmike, kemi të bëjmë me një përzgjedhje natyrore të specieve që janë në gjendje të largohen nga planeti i tyre. Vetëm ata që kontrollojnë në mënyrë të përsosur agresionin e tyre mund të arrijnë këtë fazë. Të tjerët vetëshkatërrohen sapo të arrijnë një nivel shkencor dhe teknologjik që u lejon atyre të shpikin armë mjaft të fuqishme për ta bërë këtë. Kjo është arsyeja pse ne kurrë nuk kemi frikë nga qeniet që vijnë nga botët e tjera për të na kontaktuar. Mijëra kontakte kanë konfirmuar këtë rregull absolut në univers: qeniet e afta të largohen nga sistemi i tyre planetar janë gjithmonë paqësore. Kur dikush është në gjendje të shpëtojë nga sistemi i tij planetar, kjo do të thotë se ai ka shpëtuar gjithashtu nga cikli i përparimit-shkatërrimit të shkaktuar nga paaftësia për të kontrolluar agresionin e tij pas zbulimit të burimeve më të mëdha të energjisë.

Këto burime ju lejojnë të ndërmerrni udhëtime jashtë sistemit tuaj diellor, por ato gjithashtu mund t'ju lejojnë të krijoni armë sulmuese me fuqi shkatërruese të pakthyeshme.

Për t'ju shtyrë në këtë drejtim, Franca, rajoni i globit ku jetoni dhe që tashmë është në rrugën e duhur në përpjekjen për të arritur një Evropë të bashkuar, duhet të jetë kombi i parë pa ushtri. Kështu do të bëhej shembull për të gjithë botën. Ushtarët e saj në karrierë mund të hedhin kështu themelet e një ushtrie paqeruajtëse evropiane, në pritje të transformimit të saj në një ushtri paqeruajtëse botërore. Në vend që të ishin rojtarë të luftës, ushtarakët do të bëheshin roje të paqes, një titull që meriton pafundësisht më shumë respekt. Është e nevojshme që një vend i rëndësishëm t'u tregojë të tjerëve rrugën përpara. Sigurisht që nuk do të ndodhë sepse Franca nuk do të ketë më shërbimin e detyrueshëm ushtarak dhe do t'i vendosë ushtarët e saj të karrierës në shërbim të Evropës që kërkon të ndërtojë, që vendet fqinje do ta pushtojnë atë. Përkundrazi, kjo do t'i shtynte ata shumë shpejt të ndiqnin rrugën e ndjekur nga vendi juaj dhe ta imitonin atë. Pasi të arrihet Evropa ushtarake, do të mbetej për t'u arritur vetëm Evropa ekonomike, duke krijuar një monedhë të vetme evropiane. Më pas, i njëjti proces duhet të zbatohet në të gjithë botën, duke shtuar, siç ju thamë tashmë në mesazhin e parë, një gjuhë të vetme botërore që duhet të mësohet detyrimisht në të gjitha shkollat e tokës. Nëse ka një vend që duhet të tregojë rrugën, është Franca. Pikërisht duke lartësuar një "forcë parandaluese" grumbullohen armët për shkatërrimin e tyre. Nëse të gjithë duan të largojnë dikë (praktikisht nuk dihet se kush), ekziston rreziku që kjo "forcë parandaluese" të shndërrohet me një gjest fatkeq në një forcë ndërhyrjeje, fatale për të gjithë botën.

Qeniet njerëzore shikojnë drejt së ardhmes duke menduar për të kaluarën. Ky është një gabim. Ne duhet t'i kushtojmë vëmendje të shkuarës dhe të ndërtojmë të tashmen për të ardhmen në vend që të ndërtojmë të tashmen mbi të kaluarën. Ju duhet ta kuptoni mirë se ka vetëm tridhjetë vjet që njerëzit e vendeve më të përparuara nuk janë më krejtësisht primitivë. Ju sapo po dilni prej saj. Dhe ka ende miliona njerëz në tokë që jetojnë në një gjendje primitiviteti dhe që nuk janë në gjendje të dallojnë diçka në qiell pa parë një manifestim "hyjnor" ... Nga ana tjetër, ju e dini mirë se fetë deiste janë ende shumë i fortë në të gjitha vendet e pazhvilluara ekonomikisht.

Nuk duhet të kemi kultin e të moshuarve por kultin e inteligjencës, duke bërë gjithçka që të moshuarit të kenë një jetë të këndshme. Paraardhësit tuaj të largët jo vetëm që nuk duhen respektuar, por duhet të tregohen si shembull i primitivëve të varfër të kufizuar që nuk kanë mundur t'i hapen universit dhe që kanë transmetuar brez pas brezi vetëm shumë pak gjëra të vlefshme.

As zot as shpirt

Sa më primitiv të jetë një popull, aq më shumë fetë deiste lulëzojnë atje. Nga ana tjetër, këtë gjendje e mbajnë vizitorët që vijnë nga planetë të tjerë dhe që kanë vetëm këtë mjet për të vizituar paqësisht botët që nuk e kanë zotëruar ende agresionin e tyre. Nëse në të ardhmen e afërt do të arrini këtë fazë të vizitorëve të evoluar në botët primitive, ju vetë do të detyroheni të përdorni këtë sistem, i cili është shumë zbavitës ndër të tjera, që konsiston në kalimin e vetes si hyjni në sytë e tyre. Në fund të fundit, kjo është një gjë jashtëzakonisht e thjeshtë për t'u bërë, pasi për primitivët gjithçka që vjen nga parajsa mund të jetë vetëm hyjnore... Ndonjëherë duhet ta teproni pak për t'u respektuar dhe pritur me dashamirësi, gjë që nuk të bën keq. Nga ana tjetër ne vazhdojmë të bëjmë "shfaqje" në Tokë për të parë nëse kjo gjë po vazhdon ende dhe cilat janë reagimet e autoriteteve publike, pushtetarëve dhe shtypit. Kjo shpesh na argëton shumë...

Siç ju shpjeguam në mesazhin e parë, nuk ka zot dhe me sa duket as shpirt. Pas vdekjes nuk ka asgjë, nëse shkenca nuk bën asgjë që të ketë diçka. Siç e dini, është e mundur të rikrijoni një qenie të vdekur duke u nisur nga një qelizë e saj, e cila përmban rrafshin fizik dhe intelektual të qenies së cilës i përket. Është zbuluar se një qenie humbet disa gramë në momentin e vdekjes. Në fakt është energjia e disponueshme për të gjitha qeniet e gjalla dhe e cila shpërndahet në atë moment. Dhe siç e dini, energjia është po aq e rëndë sa materia. Ju e dini gjithashtu se ne kemi zbuluar se në të voglën pafundësisht ekziston një jetë inteligjente dhe e organizuar, sigurisht po aq e evoluar sa e jona dhe e krahasueshme me atë që jemi ne vetë. Ne ishim në gjendje ta vërtetonim këtë.

Duke u nisur nga këtu, ne zbuluam se yjet dhe planetët janë atomet e një qenieje gjigande, e cila me siguri soditon me kuriozitet yje të tjerë. Është gjithashtu shumë e mundshme që qeniet që jetojnë në pafundësi të vogël të qenies pafundësisht të madhe dhe të tjerëve të tyre, të kenë njohur periudha në të cilat ata besonin në një "zot të mirë" jomaterial.

Ju duhet të kuptoni mirë se gjithçka është në të gjitha. Tani për tani, në një atom të krahut tuaj, miliona botë lindin dhe vdesin të tjera, pavarësisht nëse besoni apo jo në një zot dhe një shpirt. Dhe ndërsa ka kaluar një mijëvjeçar, qenia gjigante, atom i së cilës është dielli, ka pasur kohë të bëjë vetëm një hap. Koha është në fakt në përpjesëtim të zhdrejtë me masën, ose më mirë me nivelin e formës së jetës. Por gjithçka në univers është e gjallë dhe në harmoni me pafundësisht të madhen dhe pafundësisht të vogël. Toka është e gjallë si të gjithë planetët dhe është e vështirë për mykun e vogël që është njerëzimi ta kuptojë këtë për shkak të ndryshimit të kohës që shkaktohet nga ndryshimi i madh në masë që ju pengon të ndjeni rrahjet e tij. Një nga qelizat tona të kuqe të gjakut, ose më mirë, një nga atomet që përbëjnë trupin tonë, nuk mund ta imagjinonte kurrë të formonte një qenie të gjallë së bashku me shokët e saj. Në fund të fundit pak rëndësi ka për individin, ekuilibri universal është konstant; por nëse duam të jemi të lumtur në nivelin tonë, duhet të jetojmë në harmoni me të mëdhatë pafundësisht, me të voglat pafundësisht dhe me njerëzit tanë.

Çdo argument që përpiqet të mbështesë ekzistencën e ndonjë perëndie ose të një shpirti, prishet sapo njeriu të shikojë, sado pak, pafundësinë e universit. Nuk mund të ketë parajsë askund, pasi universi është i pafund dhe nuk mund të ketë një qendër. Nga ana tjetër, më parë i shpjegova asaj se nuk mund të ketë komunikim midis entiteteve pafundësisht të mëdha dhe universeve të entiteteve pafundësisht të vogla për shkak të një ndryshimi shumë të lartë në masë që krijon një ndryshim po aq të lartë në kalimin e kohës. Së fundi, nëse dikush imagjinon "një shpirt të pavdekshëm" që i shpëton trupit pas vdekjes, një imazh shumë poetik, por disi naiv, meqenëse ka lindur nga truri primitivë, nuk mund të imagjinohet një vend ku ai shkon, duke pasur parasysh pafundësinë e universit. Kjo sasi energjie që fluturon larg në momentin e vdekjes shpërndahet në mënyrë të çrregullt dhe përzihet me të gjitha energjitë e pezulluara në atmosferë, duke humbur kështu çdo identitet.

Ky identitet është dukshëm i ngulitur në lëndën e organizuar brenda qelizave të qenies së gjallë që do të vdesë; materie që u organizua sipas planit të përcaktuar nga gjenet e mashkullit dhe femrës në momentin e ngjizjes, kur u formua qeliza e parë.

Lidhur me origjinën e jetës në tokë, disa mund të thonë: "shpjegimi yt nuk ndryshon asgjë pasi nuk mund të thuash çfarë kishte në fillim"; është një vëzhgim i trashë që dëshmon se personi që bën një pyetje të tillë nuk është ndërgjegjësuar për pafundësinë që ekziston në kohë dhe hapësirë. Në materie nuk ka as fillim e as fund, pasi "asgjë nuk humbet, asgjë nuk krijohet, gjithçka transformohet", siç sigurisht e keni dëgjuar tashmë. Vetëm format mund të ndryshojnë, në varësi të vullnetit të atyre që arrijnë një nivel të mjaftueshëm shkencor.

E njëjta gjë vlen edhe për pafundësinë në nivelet e jetës që përfaqësohet në pjesën e dytë të emblemës sonë, ylli i Davidit, i cili përbëhet nga dy trekëndësha të ndërthurur me njëri-tjetrin dhe do të thotë: "ajo që është mbi të është e tillë. që është më poshtë." Së bashku me svastikën, ose kryqin e gammatizuar, që do të thotë "gjithçka është ciklike" dhe që është futur në qendër të yllit me gjashtë cepa, ju keni simbolin tonë në tërësi. Ky simbol përmban të gjithë mençurinë e botës. Për më tepër, ju mund t'i gjeni këto dy simbole të ribashkuara në shumë shkrime të lashta, si në Bardo Thodol, Libri Tibetian i të Vdekurve.

Është dukshëm shumë e vështirë për një tru "të fundëm" njerëzor që të bëhet i vetëdijshëm për pafundësinë, gjë që shpjegon nevojën për të kufizuar universin në kohë dhe hapësirë përmes besimeve në një ose më shumë perëndi që janë përgjegjës për gjithçka. Në fakt, qeniet që nuk arrijnë një nivel të mjaftueshëm njerëzimi dhe përulësie përballë universit, vështirë se mund ta pranojnë konceptin e pafundësisë, që e bën qenien njerëzore jo diçka të jashtëzakonshme, por një qenie të zakonshme të vendosur në çdo kohë. vendi i universit të pafund. Me sa duket qeniet njerëzore preferojnë gjëra që janë të përcaktuara mirë, të përcaktuara mirë, në një farë mënyre "të kufizuara" në imazhin e trurit të tyre. Ata që pyesin veten nëse është e mundur që jeta të ekzistojë në planetë të tjerë janë shembulli më i mirë i këtyre trurit të kufizuar. Na pëlqeu shumë krahasimi që bëtë gjatë një prej konferencave tuaja midis këtyre njerëzve dhe bretkosave që nga fundi i pellgut të tyre pyesin veten nëse ka jetë në pellgje të tjera.

Ky është simboli i qytetërimit të Elohim. Formohet nga dy trekëndësha të kryqëzuar (Ylli i Davidit) dhe një svastika në qendër. Ky simbol do të thotë "ajo që është lart është si ajo që është poshtë" dhe "gjithçka është ciklike". Ylli i Davidit përfaqëson pafundësinë në hapësirë, në pafundësi të madhe dhe pafundësisht të vogël, dhe svastika përfaqëson pafundësinë në kohë, përjetësinë. Është sigurisht simboli më i vjetër që shfaqet në planetin tonë, pikërisht sepse është simboli i qytetërimit jashtëtokësor të Elohim, i cili krijoi çdo formë jete në Tokë.

Parajsa tokësore

Shumë shpejt mund të jetoni në një parajsë të vërtetë në tokë, nëse teknologjia që keni sot do të vihej në shërbim të mirëqenies së njerëzve, në vend që të jeni në shërbim të dhunës, ushtrisë dhe përfitimit personal të disave. Shkenca dhe teknologjia jo vetëm që mund t'i çlirojnë qeniet njerëzore nga mundimi i urisë në botë, por gjithashtu mund t'i lejojnë ata të jetojnë pa pasur nevojë të punojnë, duke qenë se makinat mund të kujdesen në mënyrë autonome për nevojat e përditshme, falë automatizimit. Tashmë sot, në fabrikat tuaja më moderne, nevojitet vetëm një person për të mbikëqyrur një kompjuter që drejton dhe kryen të gjitha operacionet e prodhimit të një makine, ndërsa deri vonë, disa qindra njerëz duheshin për të bërë një makinë. Në të ardhmen, as që do të ketë më nevojë për këtë person. Atëherë sindikatat e punëtorëve nuk do të gëzohen fare, sepse fabrika do të ketë gjithnjë e më pak nevojë për personel dhe do të pushojë gjithnjë e më shumë prej tyre. Dhe këtu është gjëja jonormale. Këto makina fantastike që bëjnë punën e pesëqind njerëzve duhet t'i lejojnë këta pesëqind njerëz të jetojnë, në vend që të shërbejnë për të majmur vetëm një person: shefin. Asnjë qenie njerëzore nuk duhet të jetë në shërbim të tjetrit, as të punojë për një tjetër për paga. Makineritë mund të kryejnë shumë mirë detyrat e rënda dhe të marrin përsipër të gjitha punët, duke lejuar kështu qenien njerëzore t'i përkushtohet të vetmeve gjëra për të cilat është krijuar: të mendojë, të krijojë, të realizojë dhe të shpaloset si një lule. Kjo është ajo që ndodh në planetin tonë.

Ju nuk keni më nevojë t'i rritni fëmijët tuaj sipas këtyre tre parimeve të vjetra primitive: punën, familjen dhe atdheun. Përkundrazi, ju duhet t'i rritni ato sipas sa vijon: përmbushja personale, liria dhe vëllazëria universale. Nuk ka asgjë të shenjtë në punën kur ajo motivohet vetëm nga nevoja për të fituar një jetesë të dhimbshme. Është gjithashtu tmerrësisht poshtëruese të shesësh veten, duke shitur kështu jetën për të ngrënë, duke bërë punë që mund të bëjnë thjesht makineritë. Familja ka qenë gjithmonë një mjet i adoptuar nga skllavopronarët e vjetër dhe të rinj për t'i detyruar njerëzit të punojnë më shumë në dritën e një ideali familjar kimerik.

Së fundi, atdheu nuk është gjë tjetër veçse një mjet shtesë për të krijuar konkurrencë mes burrave dhe për t'i udhëhequr ata çdo ditë, me më shumë zjarr, drejt punës së shenjtë. Këto tri vlera, puna, atdheu dhe familja, gjithmonë janë mbështetur nga fetë primitive. Por ju nuk jeni më primitivë tani! Hiqni këto parime të vjetra të vjetruara dhe shijoni jetën në këtë tokë që shkenca mund ta shndërrojë në një parajsë!

Mos e lini veten të mashtroheni nga ata që ju tregojnë për një armik të mundshëm për të lejuar fabrikat e armatimit të punësojnë punëtorë me pagesë të dobët që ndërtojnë armë shkatërruese për të mirën e industrialistëve të mëdhenj! Mos e lini veten të mashtroheni nga ata që ju flasin me një ajër të tmerruar të rënies së lindjeve, sepse të rinjtë e kanë kuptuar se nuk është e nevojshme të keni shumë fëmijë dhe se është më mirë të keni pak në mënyrë që ata të jenë të lumtur dhe të lumtur dhe të lumtur. jo shumë të shumta në tokë. Mos lejoni që të bini në grackën e atyre që edhe një herë tundin nën hundë bajgazin e "popujve fqinjë që shumohen dhe potencialisht bëhen kërcënim"! Këta janë të njëjtit që favorizojnë grumbullimin e armëve atomike me pretekstin e "parandalimit"... Së fundi, mos e lini veten të bindin nga ata që ju thonë se shërbimi ushtarak të lejon të mësosh të përdorësh pushkën dhe se " kjo mund të shërbejë gjithmonë". Ndërsa grumbullojnë raketa bërthamore, ata thjesht duan t'ju mësojnë për dhunën, duan t'ju programojnë që të mos keni frikë të vrisni një qenie njerëzore si ju vetëm sepse ai ka veshur një uniformë tjetër, duke u siguruar që duke ushtruar kundër objektivave stërvitor, ju bëhet për ju një gjest mekanik.

Mos u mashtroni nga ata që ju thonë se duhet luftuar për atdheun! Asnjë vend nuk e meriton. Mos u ndani
ndikuar nga ata që ju thonë: "Dhe nëse armiqtë pushtojnë vendin tonë, a nuk duhet të mbrohemi?" Përgjigjuni atyre se jo dhuna është gjithmonë më efektive se dhuna. Nuk është vërtetuar kurrë se ata që "vdiqën për Francën" kishin të drejtë, pavarësisht nga shkalla e agresivitetit të agresorit. Shikoni triumfin e Gandit në Indi. Ata do t'ju thonë se duhet të luftoni për lirinë tuaj, por harrojnë se Galët e humbën luftën kundër romakëve dhe se sot francezët nuk ndjehen më rehat të jenë pasardhës të të mundurve, pasi kanë përfituar nga qytetërimi i fitimtarëve. Më mirë jetoni në përmbushje personale, liri dhe dashuri, në vend që të dëgjoni të gjitha këto qenie mendjengushtë dhe agresive.

Aksesori më i rëndësishëm që keni në dispozicion për t'ju ndihmuar të arrini paqen e qëndrueshme universale është televizioni, një ndërgjegje e vërtetë planetare, e cila ju lejon të shihni se çfarë po ndodh çdo ditë në të gjitha anët e globit dhe të kuptoni se "barbarët" që jetoni përtej kufirit, përjetoni të njëjtat gëzime, të njëjtat dhimbje dhe të njëjtat probleme si gjithë të tjerët. Ju lejon të mësoni për përparimin e shkencës, të admironi krijimet më të fundit artistike, etj. Është dukshëm e nevojshme që ky organ i mrekullueshëm i shpërndarjes dhe komunikimit të mos bjerë në duart e njerëzve që e përdorin atë për të kushtëzuar turmat dhe për të drejtuar informacionin e tyre. Por televizionin mund ta konsideroni realisht si sistemin nervor të njerëzimit, i cili i lejon të gjithëve të ndërgjegjësohen për ekzistencën e të tjerëve dhe t'i shohin ata live, duke shmangur kështu idetë e rreme për ta dhe duke ushqyer frikën e "të huajit". Tashmë ka pasur frikë nga fisi fqinj në të kaluarën, pastaj frika nga fshati fqinj, nga shteti fqinj; sot ka frikë nga raca fqinje dhe, po të mos ekzistonte kjo, do të kishte frikë nga pushtuesit e mundshëm nga një planet tjetër... Përkundrazi, ne duhet të jemi të hapur ndaj çdo gjëje që vjen nga vende të tjera, sepse të gjitha frika e të huajit, janë dëshmi e një niveli primitiv qytetërimi. Në këtë kuptim, televizioni, ashtu si radioja, është i pazëvendësueshëm dhe përbën një nga etapat më të rëndësishme të gjithë qytetërimit. Në fakt, ajo lejon që të gjitha këto qeliza të izoluara të njerëzimit që janë qenie njerëzore të informohen vazhdimisht për atë që bëjnë të tjerët, ashtu siç bën sistemi nervor në trupin e një qenieje të gjallë.

Bota tjetër

Por ajo pa dyshim do të pyesë veten se ku është. Ai aktualisht ndodhet në një bazë të vendosur relativisht afër tokës. Në mesazhin e parë ai vuri në dukje se ne po udhëtonim me shtatë herë shpejtësinë e dritës; kjo ishte e vërtetë njëzet e pesë mijë vjet më parë kur erdhëm për herë të parë në tokë. Ne kemi bërë shumë përparim që atëherë dhe tani po udhëtojmë nëpër hapësirë shumë më shpejt. Na duhen vetëm pak çaste për të bërë udhëtimin që në atë kohë na deshën gati dy muaj për të udhëtuar dhe ne vazhdojmë të përparojmë. Nëse doni të më ndiqni tani, le të shkojmë një udhëtim të vogël së bashku.

U ngrita dhe ndoqa tre udhërrëfyesit e mi. Kaluam nëpër një pjesë të madhe dhe në një sallë të pamasë zbulova një aparat të ngjashëm me atë në të cilin kisha ardhur nga toka deri më tani, por shumë më i madh. Duhet të ketë pasur një duzinë metra në diametër të jashtëm dhe të ketë katër ndenjëse brenda, në vend të dy, të vendosura gjithashtu përballë njëra-tjetrës. Si më parë, u ulëm dhe përsëri përjetova të njëjtën ndjesi intensive të ftohtë, por këtë herë zgjati shumë më gjatë, rreth dhjetë minuta. Më pas anija u lëkund pak dhe u drejtuam për në kapakun e daljes. Unë arrita të zbuloja një peizazh të mrekullueshëm parajsor dhe vërtet nuk gjej asnjë mbiemër për të përshkruar magjinë e fituar nga vizioni i luleve të pafundme, secila më e bukur se tjetra, mes të cilave lëviznin kafshë të paimagjinueshme, zogj me pendë shumëngjyrëshe, ketrat rozë dhe blu me kokën e një arushi pelushi që u ngjit nëpër degët e pemëve të ngarkuara me fruta të mëdha dhe lule gjigante. Rreth tridhjetë metra larg avionit, na priste një grup i vogël Elohimësh dhe unë munda të shihja pas pemëve një grup ndërtesash që harmonizoheshin në mënyrë të përsosur me bimësinë dhe që ngjanin me guaska me ngjyra të ndezura. Temperatura ishte shumë e butë dhe ajri ishte i parfumuar me mijëra aroma lulesh ekzotike. Ne ecëm drejt majës së një kodre dhe panorama që kishte filluar të më shfaqej ishte e mrekullueshme. Përrenj të panumërt të vegjël gjarpëruan nëpër gjelbërim të harlisur dhe një oqean blu që shkëlqente në diellin e largët. Duke mbërritur në një kthinë, zbulova me habi një grup njerëzish të ngjashëm me mua, domethënë qenie njerëzore të ngjashme me ata që jetojnë në tokë dhe jo me Elohimët. Shumica prej tyre ishin të zhveshur ose të veshur me tunika të bëra prej mëndafshi shumëngjyrësh. Ata u përkulën me respekt para tre udhërrëfyesve të mi dhe më pas u ulëm të gjithë në kolltuqe të gdhendura me sa duket në gur dhe të veshur me peliçe të trasha, të cilat, pavarësisht vapës, mbetën gjithmonë shumë të freskët dhe të këndshëm. Disa burra, duke dalë nga një shpellë e vogël që ishte pranë nesh, u afruan duke mbajtur pjata të mbushura me fruta, mish të pjekur të shoqëruar me salca, secila më e hollë se të tjerët dhe pije me aroma të paharrueshme. Pas çdo restoranti, dy nga burrat që sillnin pjatat, mbaheshin gjithmonë gati për të kënaqur dëshirën më të vogël të atyre që freskoheshin. Këta të fundit, nga ana tjetër, kërkonin atë që dëshironin pa i kushtuar vëmendje. Gjatë vaktit filloi të përhapej një muzikë magjepsëse që vinte nga nuk e di nga, dhe të rejat me forma skulpturore si ato të kamerierëve filluan të kërcejnë lakuriq me hijeshi të pakrahasueshme në lëndinën përreth.

Përveç tre udhërrëfyesve të mi, duhet të ketë pasur rreth dyzet darkues të ngjashëm me njerëzit tokësorë. Kishte të bardhë, të verdhë, të zinj, burra dhe gra dhe të gjithë flisnin një gjuhë që unë nuk e kuptoja, por që dukej si hebraisht.

Isha ulur në të djathtë të Elohës që kisha takuar dy vjet më parë dhe në të majtë të gjashtë Elohimëve të tjerë. Përballë meje u ul një i ri me mjekër, shumë i pashëm dhe shumë i hollë, me një buzëqeshje misterioze dhe një vështrim plot vëllazëri. Në të djathtë të tij ishte një burrë me një fytyrë fisnike, i cili kishte një mjekër të gjatë, shumë të trashë dhe shumë të zezë. Në të majtë të tij ishte një burrë më i fortë me tipare aziatike. Ai kishte një kokë të rruar.

Prezantim profetëve të lashtë

Në fund të drekës, udhërrëfyesi im filloi të më fliste:
"Në mesazhin tim të parë ju tregova për një vendbanim në planetin tonë ku, falë sekretit shkencor të përjetësisë duke filluar nga një qelizë, u mbajtën gjallë disa qenie njerëzore të tokës, duke përfshirë Jezusin, Moisiun, Elian etj. Në fakt, kjo rezidencë është shumë e madhe, duke qenë se është një planet i tërë në të cilin jetojnë edhe anëtarët e këshillit të të përjetshmëve. Emri im është Jehova dhe jam kryetari i këshillit të të përjetshëmve. Në planetin ku jemi aktualisht, sot jetojnë tetë mijë e katërqind tokësorë, njerëz që gjatë jetës së tyre kanë fituar një nivel të mjaftueshëm të hapjes mendore në pafundësi ose që kanë lejuar njerëzimin tokësor të largohet nga niveli i tyre primitiv, me zbulimet, shkrimet e tyre, mënyra e tyre e organizimit të shoqërisë, me aktet e tyre shembullore për vëllazërim, dashurinë dhe mosinteresimin e tyre. Pastaj janë shtatëqind Elohim, anëtarë të këshillit të të përjetshmëve. Cilido qoftë rezultati i misionit tuaj, ju e keni vendin tuaj të rezervuar këtu, mes nesh, në këtë "parajsë" të vogël të vërtetë, ku gjithçka është e lehtë falë shkencës dhe ku të gjithë jetojmë të lumtur përgjithmonë. E them mirë, vetëm përjetësisht, pasi këtu, si në tokë, kemi krijuar të gjitha format e jetës dhe fillojmë të kuptojmë në mënyrë të përsosur jetën e pafundësisht të madhe, domethënë të planetëve, duke arritur të zbulojmë shenjat e plakjes së sistemet diellore. Kjo do të na lejojë të largohemi

kjo "parajsë" për të krijuar një tjetër diku tjetër kur kemi frikë për mbijetesën e saj.

Tokësorët ose Elohimët që jetojnë përjetësisht këtu mund ta përmbushin veten si të duan, duke mos pasur asgjë tjetër për të bërë veç asaj që u pëlqen, si kërkimi shkencor, meditimi, muzika, piktura, etj., ose edhe asgjë, nëse u pëlqen. !

Shërbëtorët që sapo patë duke mbajtur tabaka, si dhe kërcimtarët, janë vetëm robotë biologjikë. Ato në fakt janë prodhuar mbi bazën e të njëjtave parime që kemi përdorur për të krijuar njerëzit në tokë, në një mënyrë qind për qind shkencore, por ato janë të kufizuara vullnetarisht dhe absolutisht të nënshtruar ndaj nesh. Nga ana tjetër janë të paaftë për të vepruar pa u dhënë urdhër dhe janë shumë të specializuar. Ata nuk kanë aspirata personale dhe nuk përjetojnë kënaqësi, përveç disave, specializimi i të cilëve e kërkon. Ata plaken dhe vdesin si ne, por makina që i prodhon mund të prodhojë shumë më tepër sesa kemi nevojë. Ata janë gjithashtu të paaftë për të vuajtur, për të ndjerë dhe nuk mund të riprodhohen vetë. Kohëzgjatja e jetës së tyre është e ngjashme me tonën, pra falë një operacioni të vogël, rreth shtatëqind vjet. Kur njëra prej tyre duhet të shkatërrohet sepse është shumë e vjetër, makina krijuese prodhon një ose disa të tjera sipas nevojave tona. Ata dalin nga makina gati për të vrapuar dhe në shtatin e tyre normal pasi nuk kanë as rritje, as foshnjëri. Ata mund të bëjnë vetëm një gjë, t'u binden njerëzve dhe Elohim, dhe janë të paaftë për dhunën më të vogël. Të gjithë dallohen nga guri i vogël blu që mbajnë, burra e gra, mes syve. Ata kujdesen për të gjitha nevojat e ulëta dhe bëjnë të gjitha punët që nuk janë me interes. Ato prodhohen, mirëmbahen dhe shkatërrohen nën tokë, ku, për më tepër, këta robotë kryejnë të gjitha punët e mirëmbajtjes, së bashku me kompjuterë të mëdhenj që rregullojnë të gjitha çështjet e ushqimit, furnizimin me lëndë të parë, energjinë etj. Mesatarisht, secili prej nesh ka rreth dhjetë në shërbimin tonë, dhe meqenëse numërojmë pak më shumë se nëntë mijë Tokë dhe Elohim, janë rreth nëntëdhjetë mijë përgjithmonë, meshkuj dhe femra.

Ashtu si anëtarët Elohim të këshillit të të përjetshmëve, tokësorët e përjetshëm nuk kanë të drejtë të kenë fëmijë dhe pranojnë t'i nënshtrohen një operacioni të vogël që i bën ata steril; por ky sterilitet mund të zhbëhej lehtësisht.

Kjo dispozitë ka për qëllim që të pengojë qeniet që nuk e meritojnë të bashkohen me ne në këtë parajsë. Nga ana tjetër, burrat dhe gratë e përjetshme mund të bashkohen lirisht, sipas dëshirës, dhe çdo xhelozi shtypet. Burrat që dëshirojnë të kenë një ose më shumë shoqërues jashtë marrëdhënieve të barazisë që ekzistojnë midis burrave dhe grave të përjetshme ose që nuk duan të jetojnë me një grua në baza të barabarta, për më tepër, mund të kenë një ose më shumë gra "robot biologjik" absolutisht të nënshtruara. dhe të cilës makina i jep pikërisht trupin që dëshironi. E njëjta gjë vlen edhe për gratë, të cilat mund të kenë një ose më shumë "robot biologjik" meshkuj absolutisht të nënshtruar.

Makina që prodhon këta robotë siguron entitetin që prodhon saktësisht fizikun dhe specializimin që dëshironi. Ka lloje të ndryshme femrash dhe meshkujsh "idealë" nga pikëpamja e formës dhe fizionomisë, por është e mundur të ndryshohet sipas dëshirës gjatësia, madhësia, forma e fytyrës etj. Ju gjithashtu mund të jepni një foto të një qenieje që e keni admiruar ose dashur në tokë, për shembull, dhe makina riprodhon një kopje të saktë.

Në këtë mënyrë marrëdhëniet midis të përjetshmëve të dy gjinive janë shumë më vëllazërore dhe më respektuese dhe bashkimet midis tyre janë mrekullisht të pastra dhe të ngritura.

Duke pasur parasysh nivelin e jashtëzakonshëm të mendjehapjes së qenieve të pranuara këtu, problemet nuk ekzistojnë kurrë mes tyre. Shumica e shpenzojnë pothuajse të gjithë kohën e tyre duke medituar, duke bërë kërkime shkencore, vepra arti, shpikje dhe krijime të të gjitha llojeve. Ne mund të jetojmë në qytete të ndryshme me stile të shumta arkitekturore, të vendosura në mes të peizazheve shumë të larmishme që ne mund t'i modifikojmë ende sipas dëshirës sonë. Secili e përmbush veten ashtu siç dëshiron duke bërë vetëm atë që i pëlqen. Disa kënaqen duke kryer eksperimente shkencore, të tjerë duke bërë muzikë, të tjerë duke krijuar kafshë gjithnjë e më befasuese, të tjerë duke medituar ose duke mos bërë gjë tjetër veç dashurisë, duke shijuar kënaqësitë e shumta të kësaj natyre parajsore, duke pirë nga burimet e panumërta dhe duke ngrënë fruta të shijshme. rritet pothuajse kudo dhe në çdo kohë. Këtu nuk ka dimër dhe ne të gjithë jetojmë në një rajon të krahasueshëm me ekuatorin tuaj, por duke qenë se mund të veprojmë shkencërisht në meteorologji, ka gjithmonë mot të mirë dhe nuk është shumë nxehtë. Ne bëjmë që shiu të bjerë natën, kurdo dhe ku të duam.

Të gjitha këto dhe shumë gjëra të tjera që ai nuk mundi t'i kuptonte menjëherë, e bëjnë këtë botë një parajsë të vërtetë. Këtu të gjithë janë të lirë dhe mund të jenë të lirë pa rrezik, pasi të gjithë e meritojnë këtë liri.

Çdo gjë që krijon kënaqësi është e mirë, me kusht që kjo kënaqësi në fakt të mos dëmtojë askënd. Kjo është arsyeja pse të gjitha kënaqësitë sensuale janë pozitive, pasi sensualiteti gjithmonë përfaqëson një hapje drejt botës së jashtme dhe të gjitha hapjet janë të mira. Ju, në tokë, sapo keni dalë nga të gjitha ato tabu primitive që dëshironin të bënin të keqe çdo gjë që lidhej me seksin apo lakuriqësinë, kur në çdo rast nuk ka asgjë më të pastër. Çfarë është më zhgënjyese për krijuesit e tu sesa të shohësh njerëzit që thonë se lakuriqësia është e keqe. Nuditeti, imazhi i asaj që kemi krijuar! Siç mund ta shihni, këtu të gjithë janë të zhveshur dhe ata që veshin rrobat e bëjnë këtë sepse ato veshje janë vepra arti të ofruara nga të përjetshëm të tjerë, që i kanë bërë me duart e tyre, ose nga dëshira për elegancë dhe stoli.

Kur një tokëz pranohet në botën e të përjetshmëve, së pari i nënshtrohet një stazhi në edukimin kimik, në mënyrë që asgjë këtu të mos e befasojë dhe të kuptojë qartë se ku është dhe pse.

Udhërrëfyesi im, Jehovai, ndaloi për një çast dhe më pas vazhdoi:
"Tani jeni ulur përballë atij që dy mijë vjet më parë u ngarkua të krijonte një lëvizje që synonte të përhapte më gjerësisht mesazhin që i lamë popullit të Izraelit, një përhapje që duhet ta lejojë atë të kuptohet sot. Bëhet fjalë për Jezusin, të cilin ne mundëm ta rikrijonim duke filluar nga një qeli që e ruajtëm përpara kryqëzimit të tij".

I riu i pashëm me mjekër i ulur përballë meje më dha një buzëqeshje vëllazërore.

"Në të djathtë të tij është Moisiu, në të majtë Elia. Në të majtë të Jezusit ulet ai që në tokë mbahet mend me emrin Buda. Pak më tutje mund të shihni Muhamedin, në shkrimet e të cilit unë quhem Allah, pasi ai nuk guxoi të më përmendte për respekt. Rreth dyzet burra dhe gra të pranishëm në këtë drekë janë të gjithë qenie përfaqësuese të feve të krijuara si rezultat i kontakteve tona në Tokë."
Të gjithë më shikuan me një shprehje shumë vëllazërore dhe argëtuese, sigurisht duke kujtuar habinë e tyre kur arritën në këtë botë. Udhëzuesi im vazhdoi:

"Tani do t'ju tregoj disa nga instalimet tona".

Ai u ngrit në këmbë dhe unë e ndoqa. Ai më ftoi të vishja një rrip shumë të gjerë të stolisur me një shtrëngim të madh. Ai dhe miqtë e tij kishin lidhur të njëjtin lloj stoli. Menjëherë e ndjeva veten duke u ngritur nga toka dhe duke u çuar në një drejtim shumë specifik, rreth njëzet metra të lartë, pak mbi majat e pemëve dhe me një shpejtësi të madhe, ndoshta njëqind kilometra në orë, ndoshta më shumë. Tre shokët e mi ishin me mua, Zoti përpara dhe dy miqtë e tij prapa. Çuditërisht (ndër të tjera...) nuk e ndjeva fare erën të më godiste fytyrën.

Zbarkuam në një kthinë të vogël, pranë hyrjes së një shpelle të vogël. Në të vërtetë na mbanin ende brezat, por vetëm një metër mbi tokë dhe me një shpejtësi shumë më të ulët. Kaluam nëpër tunele me mure metalike dhe mbërritëm në një dhomë të gjerë në mes të së cilës qëndronte një makinë e madhe e rrethuar nga një duzinë robotësh të dallueshëm nga zbukurimet e tyre ballore. Këtu rifituam kontaktin me tokën dhe hoqëm rripat. Pastaj Jehovai foli:

"Këtu është makina që prodhon robotë biologjikë. Ne do të krijojmë një nga këto qenie për të."

Ai i bëri një shenjë njërit prej robotëve që qëndronte pranë makinës dhe ky i fundit preku disa pjesë të saj. Pastaj më udhëzoi t'i afrohesha një copë xhami rreth dy metra të gjatë dhe një metër të gjerë. Në një lëng të kaltërosh më pas pashë në mënyrë të paqartë formën e një skeleti njerëzor të dilte. Më pas kjo formë u përcaktua gjithnjë e më qartë për t'u bërë më në fund një skelet i vërtetë. Pastaj nervat u tërhoqën dhe u formuan në kocka, pastaj muskujt dhe në fund lëkura dhe flokët. Një atlet i shkëlqyer tani ishte shtrirë aty ku pak minuta më parë nuk kishte asgjë. Jehovai foli:

"Mos harroni këtë përshkrim në Dhiatën e Vjetër në Ezekiel:
Bir njeriu, a mund të jetojnë sërish këto kocka? ... dhe u dëgjua një zhurmë, dhe ja, u bë një zhurmë... mbi kockat u ulën gjymtyrët, mishi u rrit dhe u shtri mbi lëkurë ... ata erdhën në jetë dhe qëndruan në këmbë, një ushtri shumë të shumta. (Ezekieli 37,3-10)

Përshkrimi që do të jepni sigurisht që do të jetë shumë i ngjashëm me atë që bëri Ezekieli, përveç zhurmës, të cilën ne mundëm ta eliminonim.

Në të vërtetë, ajo që kisha parë përputhej në mënyrë të përkryer me përshkrimin e Ezekielit. Pastaj personazhi që ishte shtrirë rrëshqiti në të majtë duke u zhdukur plotësisht nga pamja ime. Pak më vonë, një kapelë u hap dhe pashë përsëri krijesën, krijimin e së cilës pashë në pak minuta, të shtrirë mbi një pëlhurë shumë të bardhë. Ai ishte ende i palëvizur, por papritmas hapi sytë dhe u ngrit, zbriti shkallët që e ndanin nga niveli ynë dhe pasi shkëmbeu disa fjalë me një robot tjetër, u përparua drejt meje. Në këtë moment ajo zgjati dorën e saj të cilën unë e shtrëngova, dhe unë mund ta ndjeja lëkurën e saj të butë dhe të ngrohtë. Jehovai më pyeti:

"A keni një foto të një të dashur me vete?"

"Po, në portofol kam foton e nënës sime, e cila më ka mbetur në rroba". Ai ma tregoi dhe më pyeti nëse ishte ai. Teksa tunda me kokë, ai ia dha njërit prej robotëve, i cili e futi në makinë dhe preku disa zona të pajisjes. Përpara xhamit pashë një tjetër trillim të një qenieje të gjallë. Dhe ndërsa lëkura filloi të mbulonte mishin, kuptova se çfarë do të pjellë. Duke u nisur nga fotoja që kisha siguruar, po formohej një kopje e saktë e nënës sime... Në fakt, pak çaste më vonë, arrita të përqafoj nënën time, ose më saktë imazhin e nënës sime siç ishte dhjetë vjet më parë. meqenëse fotografia që kisha siguruar ishte rreth dhjetë vjeç. Jehovai më tha:

"Tani lejo që të të bëhet një shpim i vogël në ballë".

Një nga robotët u afrua drejt meje dhe me ndihmën e një instrumenti të vogël që dukej si shiringë, më bëri një shpim në ballë që as nuk e ndjeja, ishte aq i lehtë. Më pas ai e futi këtë shiringë në një makinë të madhe, duke prekur pjesë të tjera të pajisjes. Edhe një herë një qenie po formohej para syve të mi. Ndërsa lëkura mbulonte mishin, pashë një tjetër vetvete të dilte pak nga pak. Dhe me të vërtetë, qenia që doli nga makina ishte një kopje e saktë e vetes sime. Jehovai më tha:

"Siç e shihni, vetë ky tjetri nuk mban në ballë gurin e vogël që dallon robotët dhe që mbante edhe kopjen e nënës së tij. Duke u nisur nga një foto, ne jemi në gjendje të prodhojmë vetëm një kopje fizike, pa ose pothuajse pa personalitet psikik, ndërsa, duke filluar nga një qelizë si ajo që kemi marrë nga sytë e saj, mund të krijojmë një kopje totale të individit në të cilin kemi marrë. kjo qelizë, me kujtimet, personalitetin, karakterin e saj etj. Tani mund ta dërgojmë këtë tjetrin në tokë dhe askush nuk do të vinte re asgjë. Ne e shkatërrojmë këtë kopje menjëherë pasi nuk është e dobishme për ne. Por tani janë dy veta që më dëgjojnë dhe personalitetet e këtyre dy qenieve fillojnë të dallohen,pasi ju e dini se ju do të jetoni dhe ai e di se ai do të shkatërrohet. Por kjo nuk e shqetëson, sepse ai e di se nuk është askush tjetër veç vetes së tij. Kjo është një tjetër provë, nëse ka pasur ndonjë nevojë, të mosekzistencës së shpirtit në të cilin besojnë disa primitivë, ose të një entiteti thjesht shpirtëror të përshtatshëm për çdo trup.

Më pas u larguam nga vendi ku ndodhej kjo makinë gjigante dhe më pas u futëm përmes një korridori në një dhomë tjetër ku ndodheshin pajisjet e tjera. Ne iu afruam një makine tjetër.

"Në këtë makinë gjenden qelizat e qenieve të liga që do të rikrijohen për t'u gjykuar kur të vijë koha. Të gjitha qeniet në tokë që predikuan dhunën, ligësinë, agresionin, obskurantizmin, ata që, pavarësisht se i kishin të gjitha elementet për të kuptuar se nga erdhën, nuk ishin në gjendje të njihnin të vërtetën, do të rikrijohen për të vuajtur dënimin që meritojnë pasi të gjykohen nga ata. ata kanë shkaktuar vuajtje ose nga paraardhësit dhe pasardhësit e tyre.

Në këtë pikë ju meritoni pak pushim. Ky robot do të jetë udhërrëfyesi juaj dhe do t'ju ofrojë gjithçka që dëshironi, deri nesër në mëngjes. Nesër do të shkëmbejmë edhe disa fjalë dhe më pas do ta kthejmë në tokë. Këtu ai do të shijojë atë që e pret kur të përfundojë misioni i tij në tokë.
Më pas pashë një robot që erdhi drejt meje dhe më përshëndeti me respekt. Ai ishte shumë i gjatë dhe shumë i pashëm, i errët dhe me fytyrë pa mjekër dhe sportiv.

JASHTËTOKËSORËT ME KONI NË PLANETIN E TYRE

Një shije e parajsës

Roboti më pyeti nëse doja të shihja dhomën time. Unë pranova dhe ai më dha një nga ata rripat që përdoreshin për të lëvizur. Më mbartën përsëri mbi tokë dhe, kur rifitova kontaktin me të, u gjenda përballë një shtëpie që më shumë ngjante me guaskë fistoni se sa një banesë. Pjesa e brendshme ishte tërësisht e veshur me peliçe flokëgjatë dhe një shtrat i madh, sa të paktën katër shtretër tokësorë, ishte sikur i zhytur në dysheme dhe dallohej vetëm nga ngjyra e ndryshme e peliçeve që e mbulonin. Në një cep tjetër të dhomës së pamasë, një vaskë e madhe ishte instaluar mes bimëve me forma dhe ngjyra të mrekullueshme, gjithashtu të zhytura në dysheme dhe e madhe sa një pishinë.

"Doni shokë?" pyeti roboti. "Ejani dhe bëni zgjedhjen tuaj".

E vendosa përsëri rripin dhe e gjeta veten edhe një herë të transportuar para makinës që u përdor për prodhimin e robotëve. Një kub i ndezur u shfaq para meje. Më ftuan të ulesha në një kolltuk përballë kubit dhe më dhanë një helmetë.

Kur isha ulur, një brune e re e mrekullueshme, me forma mrekullisht harmonike, u shfaq në kubin e ndritshëm në tre dimensione. Ajo lëvizi për të treguar bukurinë e saj dhe nëse nuk do të kishte qenë në një kub që noton tre metra mbi tokë, do të kisha besuar vërtet se ishte e vërtetë. Roboti im më pyeti nëse më pëlqente dhe nëse doja që të kishte forma të ndryshme apo një fytyrë të modifikuar. I thashë se e gjeta të përsosur. Ai u përgjigj se ajo ishte gruaja ideale nga pikëpamja estetike, ose më mirë një nga tre llojet e gruas ideale të përcaktuar nga kompjuteri sipas shijeve të shumicës së banorëve të planetit, por që unë mund të kërkoja të gjitha modifikimet që do të më kënaqnin. Përballë refuzimit tim për të modifikuar ndonjë gjë nga ajo krijesë madhështore, një grua e dytë u shfaq në kubin e ndritshëm, bjonde dhe dehëse, e ndryshme por e përsosur si e para. Përsëri, nuk gjeta asgjë për të ndryshuar. Më në fund një i ri i tretë, më sensual se dy të parët dhe me flokë të kuq, u shfaq në këtë kub të çuditshëm. Roboti më pyeti nëse doja të shihja modele të tjera apo nëse mjaftonin këto tre tipe ideale që i përkasin racës sime. Sigurisht që u përgjigja se i gjeta këta tre njerëz të jashtëzakonshëm.

Në këtë moment një grua e zezë e mrekullueshme u shfaq në kub, më pas një grua kineze shumë e hollë dhe e hollë, më pas një vajzë orientale epshore. Roboti më pyeti se cilin person do të doja të kisha si shoqërues. Meqë u përgjigja se më pëlqejnë të gjitha, ai iu afrua makinës që prodhonte robotë dhe foli për një çast me një nga shokët e tij. Pastaj makina u ndez dhe kuptova se çfarë po ndodhte.

Pak minuta më vonë, u ktheva në rezidencën time me gjashtë shoqëruesit e mi, ku bëra banjën më të paharrueshme të jetës sime, në shoqërinë e këtyre robotëve simpatikë absolutisht të nënshtruar ndaj të gjitha dëshirave të mia. Pastaj roboti im më pyeti nëse doja të krijoja muzikë. Përpara përgjigjes sime pozitive, ai nxori një helmetë të ngjashme me atë që kisha mbajtur më parë gjatë shfaqjes së modeleve të robotëve femra. Roboti më tha "tani mendo për muzikën që do të donte të dëgjonte". Menjëherë dëgjova një tingull që përputhej shumë me muzikën që po mendoja. Teksa ndërtoja një melodi në mendjen time, ajo u bë e vërtetë me tinguj me gjerësi dhe ndjeshmëri të jashtëzakonshme, siç nuk i kisha dëgjuar kurrë më parë. Ëndrra e të gjithë kompozitorëve ishte një realitet: aftësia për të kompozuar muzikë drejtpërdrejt pa pasur nevojë të kalonte punën e lodhshme të shkrimit dhe orkestrimin.

Pastaj gjashtë shoqëruesit e mi të bukur filluan të kërcejnë një vallëzim magjepsës dhe epshore nën muzikën time.

Më në fund, pas pak, roboti im më pyeti nëse doja të kompozoja edhe imazhe. Më dha një përkrenare tjetër dhe u ula para një ekrani gjysmërrethi. Më pas fillova të imagjinoj skena dhe këto skena shfaqeshin në ekran. Ishte në fakt një vizualizimi i menjëhershëm i të gjitha mendimeve që mund të më vinin. Fillova të mendoj për gjyshen time dhe ajo u shfaq në ekran, mendova për një buqetë me lule dhe kjo u shfaq. Nëse do të kisha imagjinuar një trëndafil me pika të gjelbra, do të shfaqej edhe ai në ekran. Kjo pajisje bëri të mundur vizualizimin e menjëhershëm të mendimeve pa pasur nevojë t'i shpjegonte ato. E mrekullueshme! Roboti im më tha: "Me pak praktikë mund të krijoni dhe zhvilloni një histori. Këtu zhvillohen shumë shfaqje të këtij lloji, shfaqje të krijimit të drejtpërdrejtë".

Më në fund shkova në shtrat dhe kalova natën më të çmendur të jetës sime me shokët e mi të mrekullueshëm.

Të nesërmen u ngrita dhe bëra një banjë tjetër me parfum; pastaj një robot na shërbeu një mëngjes të shijshëm.

Më vonë ai më kërkoi ta ndiqja, sepse Jehovai po më priste. Vendosa përsëri rripin tim dhe shpejt u gjenda para një makinerie të çuditshme ku më priste kryetari i këshillit të të përjetshmëve. Kjo makinë, pavarësisht se ishte shumë e madhe, ishte më pak e rëndë se ajo që krijoi robotët. Në qendër të saj kishte një kolltuk të madh. Zoti më pyeti nëse nata ime kishte qenë e këndshme, pastaj më shpjegoi:
"Kjo makinë do të zgjojë tek ju disa aftësi që janë në gjumë. Truri i tij do të jetë në gjendje të shfrytëzojë potencialin e tij të plotë. Ulu ketu."

U ula në ndenjësen që më treguan dhe një lloj guacke më mbështillej rreth kafkës. Pata përshtypjen e humbjes së vetëdijes për një çast pasi koka ime dukej se shpërtheu dhe pashë blica shumëngjyrëshe që kalonin para syve të mi. Më në fund gjithçka ndaloi dhe një robot më ndihmoi të zbres nga sedilja. Ndihesha tmerrësisht ndryshe. Kisha përshtypjen se gjithçka ishte e thjeshtë dhe e lehtë. Jehovai foli:
"Tash e tutje ne do të shohim me sytë e tij, do të dëgjojmë me veshët e tij dhe do të flasim me gojën e tij. Siç bëjmë tashmë në Lourdes dhe në vende të tjera në botë, nëpërmjet duarve të saj do të jemi në gjendje të shërojmë disa të sëmurë të cilët i konsiderojmë të denjë për t'u ndihmuar për gatishmërinë e tyre për të bërë të rrezatojnë mesazhet që u kemi dhënë dhe për përpjekjet e tyre. në përvetësimin e një hapjeje kozmike të mendjes në pafundësinë. Ne i vëzhgojmë të gjitha qeniet njerëzore. Kompjuterët e mëdhenj sigurojnë mbikëqyrje të përhershme të të gjithë njerëzve që jetojnë në Tokë. Secilit i atribuohet një shënim sipas veprimeve të kryera gjatë jetës së tij, varësisht nëse ai ka ecur drejt dashurisë dhe së vërtetës apo drejt urrejtjes dhe obskurantizmit. Kur të vijë ora e llogarisë, ata që kanë ecur në drejtimin e duhur kanë të drejtën e përjetësisë në këtë planet qiellor, ata që, pa qenë të këqij, nuk kanë bërë asgjë të mirë, nuk do të rikrijohen. Për sa u përket atyre që kanë qenë veçanërisht të këqij, një qelizë e trupit të tyre mbahet për të na lejuar t'i rikrijojmë kur të ketë ardhur koha që ata të gjykohen dhe të vuajnë dënimin që meritojnë. Ju që po e lexoni këtë mesazh mendoni mirë se do të mund të keni akses në këtë botë të mrekullueshme, në këtë parajsë; do të jesh i mirëpritur, ti që do të ndjekësh lajmëtarin dhe ambasadorin tonë, Raelin, në rrugën e dashurisë universale dhe harmonisë kozmike, ti që do ta ndihmosh të arrijë atë që i kërkojmë, sepse ne shohim me sytë e tij, dëgjojmë me veshët e tij dhe ne flasim me gojën e tij.

Ideja e tij për të krijuar një kongregacion udhërrëfyesish të njerëzimit është shumë e mirë. Por jini të rreptë në përzgjedhjen e tyre në mënyrë që mesazhi ynë të mos deformohet apo tradhtohet kurrë.

Meditimi është thelbësor për të hapur mendjen, por asketizmi është i kotë. Njeriu duhet ta shijojë jetën me gjithë forcën e shqisave të veta pasi zgjimi i shqisave shkon paralelisht me zgjimin e mendjes. Vazhdoni, nëse dëshironi dhe nëse keni kohë, të luani sport, pasi të gjitha sportet dhe të gjitha lojërat janë një gjë e mirë, zhvillojnë muskujt dhe mbi të gjitha vetëkontrollin, si p.sh. makina apo motori.

Kur një qenie ndihet e vetmuar, ai mund të përpiqet gjithmonë të komunikojë telepatikisht me ne, duke u përpjekur të jetë në harmoni me të pafundmën; do të sjellë një mirëqenie të jashtëzakonshme. Ajo që ju këshilluat të bëni në lidhje me një takim të njerëzve që besojnë tek ne, të dielën në mëngjes rreth orës njëmbëdhjetë në çdo rajon, është shumë e drejtë. Aktualisht, pak anëtarë e bëjnë këtë.

Mediat janë të dobishme, kërkojini ato, por balanconi ato, sepse dhuntia e tyre e ndërmjetësimit (që nuk është asgjë më shumë se një dhuratë telepatie) mund t'i çekuilibrojë ata dhe mund t'i shtyjë ata të besojnë në "mbinatyroren", magjinë dhe gjëra të tjera që nuk mund të jenë më shumë. budallaqe, siç është besimi në një trup eterik, një mënyrë tjetër për të provuar të ushqesh besimin në një shpirt ... që nuk ekziston! Ato në fakt lidhen me njerëzit që kanë jetuar disa shekuj më parë dhe të cilët ne i kemi rikrijuar në këtë planet qiellor.

Ekziston një zbulesë e rëndësishme që ai mund të bëjë tani: hebrenjtë janë pasardhësit tanë të drejtpërdrejtë në tokë. Kjo është arsyeja pse atyre u rezervohet një fat i veçantë. Ata janë pasardhës të bijve të Elohimëve dhe të bijave të njerëzve, siç përmendet te Zanafilla. Gabimi i tyre fillestar ishte se ata i ishin bashkuar krijimit të tyre shkencor; prandaj kanë vuajtur kaq gjatë.

Por për ta ka ardhur momenti i faljes dhe tani ata do të mund të jetojnë të qetë në vendin e tyre të sapogjetur, nëse nuk bëjnë një gabim të ri duke mos ju njohur si të dërguarin tonë. Ne duam që ambasada jonë tokësore të krijohet në Izrael, në tokë që qeveria do të dhurojë atje. Nëse ata refuzojnë, ju do të jeni në gjendje ta ndërtoni atë diku tjetër dhe Izraeli do të vuajë një dënim të ri sepse nuk e ka njohur të dërguarin tonë.

Ju duhet ti përkushtoheni vetëm misionit tuaj. Mos u shqetësoni, do të keni mjaftueshëm për të mbajtur familjen tuaj. Njerëzit që besojnë tek ajo, dhe për rrjedhojë tek ne, duhet ta ndihmojnë atë. Ajo është e dërguara jonë, ambasadorja jonë, profeti ynë dhe në çdo rast ajo e ka vendin e saj të rezervuar këtu në mesin e të gjithë profetëve të tjerë. Ju jeni ai që duhet të bashkoni qeniet njerëzore të të gjitha feve, pasi lëvizja që keni krijuar, Lëvizja Raeliane, duhet të jetë feja e feve. Unë insistoj, një fe e vërtetë, por një fe ateiste, siç e keni kuptuar tashmë.

Ajo është ambasadorja jonë, profeti ynë; ne nuk do t'i harrojmë ata që do t'ju ndihmojnë, ashtu siç nuk do t'i harrojmë ata që do t'ju shkaktojnë telashe. Mos kini frikë dhe mos kini frikë nga askush sepse, çfarëdo që të ndodhë, ju e keni vendin tuaj të rezervuar mes nesh. Dhe shkundini pak ata që humbasin besimin! Dy mijë vjet më parë, ata që besuan në Jezusin, të dërguarin tonë, u hodhën në gropën e luanëve; cfare rrezikoni sot? Ironia e budallenjve? E qeshura e atyre që nuk kanë kuptuar asgjë dhe që preferojnë të ruajnë bindjet e tyre primitive? Çfarë është kjo në krahasim me strofkën e luanëve? Çfarë është e gjithë kjo në raport me atë që i pret ata që e ndjekin? Në fakt është më e lehtë se kurrë të ndiqni intuitën tuaj. Muhamedi, i cili është këtu mes nesh, e tha tashmë këtë në Kuran kur fliste për profetët:

Po afron momenti i llogarisë për meshkujt; por në pakujdesinë e tyre ata largohen (nga krijuesit e tyre).
Nuk vjen asnjë thirrje e re nga krijuesit e tyre, se e dëgjojnë vetëm për t'u tallur.
Dhe zemra e tyre e bën argëtuese.
Ata që bëjnë keq mblidhen fshehurazi duke thënë:
A nuk është ky njeri një i vdekshëm si ne? ...
Është një tufë ëndrrash. Ai i falsifikoi ato. Ai është një poet!
Por le të na bëjë një mrekulli, si ata që u dërguan në kohët e kaluara.
(Kurani, Surja 21, ajetet 1-5).

Tashmë Muhamedi duhej të vuante nga sarkazma e disa njerëzve dhe Jezusi gjithashtu duhej të vuante prej saj. Kur ai ishte në kryq, disa thanë:
Nëse je Biri i Perëndisë, zbrit nga kryqi! Edhe kryepriftërinjtë me skribët dhe pleqtë e tallnin: ai shpëtoi të tjerët, nuk shpëton dot veten. Ai është mbreti i Izraelit, le të zbresë tani nga kryqi dhe ne do t'i besojmë. Ai kishte besim te Zoti; lirojeni tani, nëse e do. Në fakt, ai tha: Unë jam Biri i Perëndisë! (Mateu 27,40-43).

Kjo nuk e pengon faktin që, siç e keni parë qartë, Jezusi qëndron në habi dhe në përjetësi, si dhe Muhamedi dhe të gjithë ata që i ndoqën dhe besuan në ta, ndërsa ata që i kritikuan do të rikrijohen për të vuajtur dënimin e tyre. .

Kompjuterët që monitorojnë qeniet njerëzore që nuk e kanë lexuar mesazhin janë të lidhur me një sistem i cili në momentin e vdekjes heq automatikisht dhe në distancë një qelizë nga e cila ata, nëse e meritojnë, mund të rikrijohen.

Ndërsa prisni të ndërtoni ambasadën tonë, krijoni një manastir me udhërrëfyes MADECH afër vendit ku banoni. Ajo që është profeti ynë, Udhërrëfyesi i Udhërrëfyesve, do të jetë në gjendje të trajnojë ata që do të jenë përgjegjës për të bërë që mesazhi ynë të rrezatojë në të gjithë Tokën".

Urdhërimet e reja

"Ata që duan ta ndjekin do të zbatojnë rregullat që do t'ju jap tani:

Të paktën një herë në jetën tuaj, ju do të paraqiteni përpara Udhërrëfyesit të Udhërrëfyesve, në mënyrë që ai të mund të transmetojë nëpërmjet kontaktit manual, ose të ketë një udhëzues të nisur, të transmetojë planin tuaj celular në kompjuter, i cili do ta marrë parasysh kur të gjykojë buxhetin e jetës suaj.

Ju do të mendoni të paktën një herë në ditë për Elohim, Krijuesit tuaj. Do të përpiqeni me të gjitha mjetet tuaja të përhapni fjalën rreth jush mesazh nga Elohim.

Të paktën një herë në vit, ju do t'i bëni një dhuratë Guide of Guides, e barabartë me të paktën një cent të të ardhurave tuaja vjetore, në mënyrë që ta ndihmoni atë t'i kushtohet plotësisht misionit të saj dhe të udhëtojë nëpër botë për ta përhapur këtë. mesazh.

Të paktën një herë në vit, ju do të ftoni në tryezën tuaj udhëzuesin e rajonit tuaj dhe do të mblidhni së bashku të interesuarit në mënyrë që ai t'u shpjegojë atyre përmasat e mesazhit.

Në rast të zhdukjes së Udhërrëfyesit të Guidave, Udhëzuesi i ri i Guidave do të jetë ai i përcaktuar nga Guida e mëparshme e Guidave. Udhërrëfyesi i Udhërrëfyesve do të jetë rojtari i ambasadës tokësore të Elohim dhe do të jetë në gjendje të jetojë atje me familjen e tij dhe me njerëzit e zgjedhur prej tij.

Ju,Rael,jeni ambasadori ynë në tokë dhe njerëzit që besojnë tek ju duhet tju japin mjetet për të kryer misionin tuaj,ju jeni i fundit nga profetët para Gjykimit,ju jeni profeti i fesë së feve,çmitizuesi,bariu i barinjve.Ju jeni ai ardhjen e të cilit profetët e lashtë,përfaqësuesit tanë,e shpallën në të gjitha fetë.Ju jeni ai që do të kthejë kopenë e barinjve para se të derdhet uji,ai që do të kthejë te krijuesit e tyre ata që ata krijuan.Ata që kanë veshë mund të dëgjojnë,ata që kanë sy mund të shohin.Të gjithë ata që i kanë sytë hapur do të shohin se ju jeni profeti i parë që mund të kuptohet vetëm nga qeniet e përparuara shkencërisht.Gjithçka që ju tregoni është e pakuptueshme për popujt primitivë Kjo është shenjë që ata me sy hapur do ta njohin,shenjën e zbulesës,të Apokalipsit."

Për popullin e Izraelit

"Shteti i Izraelit duhet t'i dhurojë Guide of Guides një territor që ndodhet afër Jeruzalemit, në mënyrë që ata të mund të ndërtojnë rezidencën, ambasadën e Elohim. Popull i Izraelit, ka ardhur koha për të ndërtuar Jeruzalemin e ri siç ishte planifikuar. Raeli është ai që u shpall, rilexoni shkrimet tuaja dhe hapni sytë.
Ne dëshirojmë të kemi ambasadën tonë me pasardhësit tanë, sepse populli i Izraelit përbëhet nga pasardhësit e fëmijëve që kanë lindur nga bashkimet midis bijve të Elohimëve dhe bijave të njerëzve.
O popull i Izraelit, ne ju kemi nxjerrë nga kthetrat e Egjiptasve dhe nuk jeni treguar të denjë për besimin tonë; ne ju kemi besuar një mesazh për mbarë njerëzimin dhe ju e keni ruajtur me xhelozi në vend që ta përhapni. Keni vuajtur për një kohë të gjatë për të paguar gabimet tuaja, por koha e faljes ka ardhur dhe, siç pritej, ne i kemi thënë veriut të vijë dhe jugut të mos përmbahet; Unë i kam sjellë bijtë dhe bijat e tua nga skajet e tokës, siç shkroi Isaia, dhe ju mund të gjeni vendin tuaj, ku mund të jetoni
paqe nëse dëgjon më të voglin nga pejgamberët, atë që të është shpallur ty, dhe e ndihmon të bëjë atë që kërkojmë prej tij.

Ky është shansi juaj i fundit ose një komb tjetër do të mirëpresë Guide of Guides dhe do të ndërtojë ambasadën tonë në tokën e tij.

Dhe ky komb do të jetë pranë tuajit, do të mbrohet dhe lumturia do të mbretërojë atje dhe shteti i Izraelit do të shkatërrohet përsëri.
Ti, bir i Izraelit, që nuk je kthyer ende në tokat e paraardhësve, prit derisa të kthehesh. Prisni dhe shikoni nëse qeveria do të pranojë që të ndërtohet ambasada jonë. Nëse kjo mohohet, mos u kthe: do të jesh ndër ata që do të shpëtohen nga shkatërrimi dhe pasardhësit e të cilëve një ditë do të mund ta gjejnë përsëri tokën e premtuar, kur të kenë ardhur koha.
Populli i Izraelit, njihni atë që ju është lajmëruar, jepini atij territorin për të ndërtuar ambasadën tonë dhe ndihmojeni ta ndërtojë atë, përndryshe, si dy mijë vjet më parë, do të ngrihet diku tjetër, dhe nëse do të ngrihet diku tjetër, do të shpërndaheni përsëri.
Nëse dy mijë vjet më parë do ta kishit pranuar se Jezusi ishte vërtet i dërguari ynë, të gjithë të krishterët e botës nuk do të ishin të krishterë, por hebrenj dhe nuk do të kishit problemet që kishit; ju do të kishit mbetur ambasadorët tanë në vend që t'ia besoni këtë detyrë qenieve të tjera njerëzore që i kanë dhënë vetes Romën si bazë. Dy mijë vjet më parë ju nuk e njihnit të dërguarin tonë, kështu që nuk ishte Izraeli por Roma që rrezatonte. Tani ju keni një shans të ri për të qenë përsëri Jerusalem. Nëse nuk e kapni, një vend tjetër do të presë ambasadën tonë dhe ju nuk do të keni më të drejtën e tokës që kemi zgjedhur për ju.
Ja, mbarova. Pasi të kthehet në tokë, ai do të jetë në gjendje t'i komentojë vetë të gjitha këto. Tani përfitoni pak më shumë nga kjo parajsë dhe pastaj do t'ju kthejmë në mënyrë që të përfundoni misionin tuaj përpara se të ktheheni përgjithmonë me ne."

Qëndrova edhe disa orë të tjera për të përfituar nga kënaqësitë e shumta të kësaj bote, duke ecur mes burimeve të shumta dhe duke u braktisur në shoqërinë e profetëve të mëdhenj, të cilët i kisha takuar një ditë më parë gjatë seancave të meditimit.
Më pas, pas një vakti të fundit me të njëjtët njerëz si një ditë më parë, u gjenda në anijen e madhe që më ktheu në stacionin e vëzhgimit. Aty u ktheva në të njëjtën rrugë si një ditë më parë dhe u gjenda me rrobat e mia në anijen e vogël që më ktheu atje ku më kishte marrë, në Roc-Plat. Shikova orën time: ishte mesnatë. Shkova në shtëpi dhe menjëherë shkova në punë duke shkruar gjithçka që më kishin thënë. Gjithçka ishte krejtësisht e qartë në mendjen time dhe u befasova kur kuptova se i shkrova gjithçka me një hap, pa asnjë hezitim për të gjetur fjalitë që kisha dëgjuar.

Fjalët mbetën të ngulitura në mendjen time, ashtu siç më kishin lajmëruar fillimisht.

Kur mbarova së shkruari rrëfimin e asaj që më kishte ndodhur, fillova të ndjeja qartë se diçka ishte lëshuar në mua. Siç nuk më kishte ndodhur kurrë më parë, fillova të shkruaj dhe vëzhgoj gjithçka që shkruaja, duke e zbuluar vetë si lexues. Kam shkruar, por nuk jam ndjerë si autori i asaj që ka dalë në letër. Elohim filloi të fliste përmes gojës sime, ose më mirë, të shkruante përmes duarve të mia. Dhe gjërat që m'u shkruan para syve prekën të gjitha temat me të cilat përballet njeriu gjatë jetës së tij dhe mënyrën se si duhet të sillet përballë tyre. Në fakt, bëhej fjalë për rregulla të jetës, për një mënyrë të re sjelljeje përballë ngjarjeve të jetës, për t'u sjellë si qenie njerëzore, pra si qenie të evoluara që kërkojnë në çdo mënyrë të hapin mendjet e tyre ndaj të pafundësisë dhe harmonizohen me të. Këto rregulla të mëdha të diktuara nga Elohim, krijuesit tanë, baballarët tanë që janë në parajsë, siç thoshin paraardhësit tanë pa i kuptuar plotësisht, këtu janë deklaruar në tërësi.

Kapitulli III

Çelësat

Prezantimi

Këto shkrime paraqesin çelësa që na lejojnë të hapim mendjet që mijëvjeçarët e obskurantizmit i kanë burgosur. Dera që mbyll mendjen e njeriut është e bllokuar nga brava të shumta që është e nevojshme t'i hapni të gjitha në të njëjtën kohë nëse dikush dëshiron ta çlirojë atë në drejtim të pafundësisë. Nëse përdorni vetëm një çelës, bulonat e tjerë do të mbeten të kyçur dhe, nëse nuk i mbani të gjitha të hapura së bashku, kur të hapet tjetri, i pari mbyllet përsëri duke parandaluar hapjen. Shoqëria njerëzore ka frikë nga gjithçka që nuk di dhe për këtë arsye ka frikë nga ajo që është pas kësaj dere, edhe nëse do të ishte lumturia që vjen nga arritja e së vërtetës. Prandaj përpiqet të pengojë disa që ta hapin këtë derë, duke preferuar të qëndrojnë në pakënaqësinë dhe injorancën e tyre. Kjo është një pengesë më shumë në pragun e derës që mendja duhet të kalojë për t'u çliruar. Por siç tha Gandi: "Nuk është sepse askush nuk e sheh të vërtetën që ajo bëhet një gabim". Pra, nëse përpiqeni ta hapni këtë derë, duhet të shpërfillni sarkazmën e atyre që nuk kanë parë asgjë ose që, pavarësisht se kanë parë, bëjnë sikur nuk kanë parë asgjë nga frika e asaj që nuk dinë. Dhe nëse hapja e derës ju duket shumë e vështirë, kërkoni ndihmë nga një udhërrëfyes, pasi udhërrëfyesit e kanë hapur tashmë derën e mendjes së tyre dhe i dinë vështirësitë e manovrës. Ata nuk do të jenë në gjendje t'jua hapin derën, por do të jenë në gjendje t'ju shpjegojnë teknikat e ndryshme që ju lejojnë ta bëni këtë. Nga ana tjetër, ata janë dëshmitarë të gjallë të lumturisë që sjell hapja e kësaj dere dhe provës se ata që kanë frikë nga ajo që fshihet pas saj e kanë gabim.

Qenia njerëzore

Në çdo situatë ne duhet gjithmonë dhe para së gjithash t'i konsiderojmë gjërat në lidhje me katër nivele:

- në raport me pafundësinë;
- në lidhje me Elohimët, etërit tanë dhe krijuesit tanë;
- pastaj në raport me shoqërinë njerëzore;
- dhe në fund në raport me individin.

Plani më i rëndësishëm është ai i pafundësisë. Është në lidhje me këtë nivel që të gjitha gjërat duhet të gjykohen, por me një konstante: dashurinë. Prandaj është e nevojshme të merren parasysh të tjerët të cilëve duhet t'u dhurohet dashuri, pasi duhet të jetohet në harmoni me të pafundmën dhe për rrjedhojë me të tjerët që janë gjithashtu pjesë e pafundësisë.

Atëherë duhet të marrim parasysh këshillat e dhëna nga Elohim, krijuesit tanë, dhe të sigurohemi që shoqëria njerëzore të dëgjojë këshillat e atyre që e krijuan atë.

Atëherë duhet të kemi parasysh shoqërinë që ka lejuar, që lejon dhe që do t'i lejojë qeniet njerëzore të lulëzojnë në rrugën e së vërtetës. Duhet të merret parasysh, por të mos ndiqet; përkundrazi, është e nevojshme ta ndihmojmë atë të dalë nga gjendja e saj primitive, duke vënë vazhdimisht në pikëpyetje të gjitha zakonet dhe traditat e saj, edhe nëse ato mbështeten nga ligje që synojnë vetëm të mbyllin mendjet nën zgjedhën e obskurantizmit.

Së fundi, duhet të kemi parasysh realizimin e individit, pa të cilin mendja nuk arrin të arrijë potencialin e saj të plotë dhe të harmonizohet me pafundësinë për t'u bërë një qenie e re njerëzore.

Lindja

Ju kurrë nuk do t'i impononi asnjë fe një fëmije që është ende një larvë e paaftë për të kuptuar se çfarë po ndodh me të. Prandaj nuk është e nevojshme ta pagëzoni, as ta rrethpreni, as ta detyroni të kryejë ndonjë veprim që ai nuk do ta kishte pranuar. Prandaj, ne duhet të presim derisa ai të rritet mjaftueshëm për të kuptuar dhe për të zgjedhur dhe, nëse në atë moment një fe e tërheq atë, ta lëmë të lirë t'i përmbahet asaj.

Një lindje duhet të jetë një festë, sepse Elohim na krijoi sipas imazhit të tyre, pra të aftë për të na riprodhuar vetë. Duke krijuar një qenie të gjallë, ne ruajmë speciet të cilave i përkasim dhe respektojmë punën e krijuesve tanë.

Një lindje duhet të jetë një festë dhe një akt dashurie, i kryer në harmoni, si nga zhurmat, ashtu edhe nga ngjyrat apo temperatura, në mënyrë që qenia që bie në kontakt me jetën të fitojë zakonin e harmonisë.

Nga ana tjetër, duhet ta mësojmë menjëherë të respektojë lirinë e të tjerëve. Kur qan natën, duhet të shkosh ta shohësh në mënyrë diskrete, në mënyrë që ai të mos kuptojë kurrë se fakti i të qarit i sjell pak mirëqenie sepse kujdeset për të. Përkundrazi, duhet të shkojmë ta shohim dhe të kujdesemi për të kur është i qetë dhe jo kur qan (përveç nëse e bëni pa e kuptuar ai). Duke vepruar kështu, ai do të mësohet me faktin se gjithçka është më mirë kur ai është në harmoni me rrethinën e tij. "Ndihmoni veten dhe Parajsa do t'ju ndihmojë".

Në fakt, që nga lindja, prindërit duhet të kuptojnë se një fëmijë është para së gjithash një individ dhe se asnjë individ nuk duhet të trajtohet si një fëmijë.

Edhe krijuesit tanë nuk na trajtojnë si fëmijë, por si individë. Kjo është arsyeja pse ata nuk ndërhyjnë për të na ndihmuar të zgjidhim drejtpërdrejt problemet tona, por le t'i kapërcejmë pengesat që hasim duke arsyetuar si individë të përgjegjshëm.

Edukimi

Qenia e vogël që është ende vetëm një "krizalis" e një qenie njerëzore duhet të jetë e mësuar që në fëmijëri të hershme të respektojë lirinë dhe qetësinë e të tjerëve.

Duke qenë se është shumë i vogël për të kuptuar dhe arsyetuar, ndëshkimi trupor duhet të zbatohet me rigorozitet nga personi që rrit fëmijën, në mënyrë që ai të vuajë kur i bën të tjerët të vuajnë ose kur i shqetëson dhe nuk i respekton.

Ky ndëshkim trupor duhet të zbatohet vetëm për fëmijët shumë të vegjël. Pas kësaj, ajo gradualisht duhet të pushojë së zbatuari ndërsa fëmija fillon të arsyetojë dhe të kuptojë, dhe më pas të zhduket fare. Nga mosha shtatë vjeç, ndëshkimi trupor duhet të bëhet një gjë krejtësisht e jashtëzakonshme dhe, nga mosha katërmbëdhjetë vjeç, nuk duhet të zbatohet më kurrë.

Ju do të përdorni vetëm ndëshkimin trupor kur fëmija nuk respekton lirinë ose qetësinë e të tjerëve dhe të vetes.

Ju do ta mësoni fëmijën tuaj të kuptojë veten dhe do ta mësoni që të distancohet gjithmonë nga ajo që shoqëria dhe shkolla duan t'i ngulitin tek ai. Ju kurrë nuk do ta detyroni atë të mësojë gjëra që nuk do ta ndihmojnë dhe ta lini atë të marrë drejtimin dëshironi, pasi nuk duhet të harroni se gjëja më e rëndësishme është përmbushja e saj personale.

Gjithmonë do ta mësoni të gjykojë gjithçka sipas kësaj radhe: në raport me të pafundmën, në raport me krijuesit tanë, në raport me shoqërinë dhe në fund në raport me veten.

Ju nuk do t'i impononi asnjë fe fëmijës tuaj. Në vend të kësaj, ju do t'u mësoni atyre besimet e ndryshme që ekzistojnë në botë, pa paragjykime dhe të paktën më të rëndësishmet në rend kronologjik: fenë hebraike, fenë e krishterë dhe fenë myslimane. Nëse mundeni, do të përpiqeni të mësoni bazat e feve orientale që të jeni në gjendje t'ia shpjegoni ato fëmijës suaj. Së fundi, ju do t'i ilustroni atij konceptet themelore të mesazhit që Elohimi i dha profetëve të fundit.

Mbi të gjitha, ju do t'i mësoni ata të duan botën në të cilën jetojnë dhe, nëpërmjet saj, krijuesit tanë.

Ju do ta mësoni atë të hapet në pafundësi dhe të përpiqet të jetojë në harmoni me të.

Ju do t'i mësoni atij se çfarë pune të mrekullueshme kanë bërë Elohim, krijuesit tanë; ju do t'i mësoni ata të arsyetojnë dhe të vazhdojnë kërkimin, në mënyrë që qeniet njerëzore një ditë të jenë në gjendje të përsërisin atë që bënë krijuesit e tyre, domethënë të krijojnë shkencërisht njerëzimin tjetër në planetë të tjerë.

Do ta mësoni që ta konsiderojë veten si pjesë e pafundësisë, pra një gjë e madhe dhe e vogël në të njëjtën kohë. "Pluhur je dhe pluhur do të kthehesh".

Ju do t'i mësoni atij se asnjë rrëfim dhe asnjë shfajësim nuk mund të riparojë dëmin e bërë ndaj të tjerëve, pasi është bërë. Ju do t'i mësoni atij se nuk duhet menduar se mjafton të fillojë të besojë në ndonjë perëndi, ose në Elohim, për të pasur të drejtën e përjetësisë kur të afrohet vdekja.

Ju do t'i mësoni atij se ne gjykohemi në bazë të asaj që bëjmë gjatë gjithë jetës sonë, se rruga që të çon në
mençuria është e gjatë dhe se duhet një jetë për të punuar mjaftueshëm. I cili gjatë gjithë jetës së tij nuk ka ndjekur drejtimin e mirë, nuk do të ketë të drejtën e ringjalljes shkencore në planetin e përjetësisë sepse do të marrë befas të duhurin. Përveç nëse pendimi i tij është i sinqertë dhe ai me zjarr ndërmerr veprime në drejtimin e duhur për të kompensuar kohën e humbur. Ai duhet të përpiqet të kompensojë ata që ka lënduar duke vënë në dispozicion të gjitha mjetet e tij për t'u sjellë atyre dashuri dhe lumturi. Dhe kjo ende nuk do të mjaftojë për ata që i kanë bërë të tjerët të vuajnë, pasi edhe sikur t'i kenë përballuar dhe t'u kenë dhënë dashuri, ata vetëm do të kenë arritur të fshijnë gabimet e tyre, por nuk do të kenë bërë asgjë pozitive. Kështu që ai do të duhet të ndërmarrë veprime të reja, duke u sjellë lumturi njerëzve që nuk i ka dëmtuar kurrë dhe gjithashtu duke ndihmuar ata që përhapin të vërtetën, udhërrëfyesit. Por një qenie që pendohet vetëm në momentin e vdekjes, ose pak kohë më parë, nuk do të falet sepse i është vonë.

Edukim sensual

Edukimi sensual është një nga gjërat më të rëndësishme për qeniet njerëzore dhe sot praktikisht nuk ekziston.

Ju do të zgjoni mendjen e fëmijës tuaj, por do të zgjoni edhe trupin e tij sepse zgjimi i trupit shkon paralelisht me zgjimin e mendjes.

Të gjithë ata që kërkojnë të vënë në gjumë trupin e tyre, gjithashtu vihen në gjumë mendjesh.

Krijuesit tanë na dhanë shqisa për t'u përdorur. Hunda është për të nuhatur, sytë për të parë, veshët për të dëgjuar, goja për të shijuar dhe gishtat për të prekur. Ne duhet të zhvillojmë shqisat tona për të shijuar më mirë gjithçka që na rrethon dhe që krijuesit tanë kanë vendosur këtu që ne të shijojmë.

Një qenie sensuale ka një shans më të mirë për të qenë në harmoni me pafundësinë, sepse ai e percepton atë pa pasur nevojë të meditojë apo reflektojë. Meditimi dhe arsyetimi do ta lejojnë këtë qenie të kuptojë më mirë këtë harmoni dhe ta përhapë atë rreth tij duke e mësuar atë.

Të jesh sensual do të thotë të lejosh që mjedisi në të cilin gjendemi të na japë kënaqësi. Edukimi seksual është gjithashtu shumë i rëndësishëm, por nuk mëson asgjë më shumë se funksionimin teknik të organeve dhe dobinë e tyre. Në vend të kësaj, edukimi sensual duhet të mësojë se si është e mundur të përfitohet kënaqësi nga organet e dikujt, duke kërkuar vetëm kënaqësi, pa u përpjekur domosdoshmërisht të përdorë organet e veta për qëllimin e tyre praktik.

T'u thuash fëmijëve asgjë për seksin është e gabuar, t'u shpjegosh atyre se për çfarë shërben është më mirë, por gjithsesi nuk mjafton: duhet t'u shpjegoni atyre se si mund ta përdorin atë për të marrë kënaqësi prej tij.
T'u shpjegosh atyre vetëm "për çfarë shërben" është si të flasësh për muzikën duke thënë se është vetëm për të marshuar ose diçka të ngjashme, ose se të dish të shkruajësh është vetëm për të hartuar letra ankesash, ose se kinemaja është vetëm për të ofruar kurse audio-vizuale.

Për fat të mirë, falë artistëve dhe zgjimit të shqisave, njeriu mund të kënaqet duke dëgjuar, lexuar apo parë vepra që janë krijuar vetëm për të na dhënë kënaqësi. E njëjta gjë vlen edhe për seksin. Ai shërben jo vetëm për të kënaqur nevojat natyrore ose për të siguruar riprodhimin, por edhe për t'i dhënë kënaqësi të tjerëve dhe vetes. Falë shkencës, ne kemi dalë më në fund nga koha në të cilën shfaqja e trupit ishte një "mëkat" dhe në të cilën çdo bashkim solli dënimin e vet: ngjizjen e një fëmije. Sot, falë teknikave kontraceptive, është e mundur të ndiheni të lirë të bashkoheni seksualisht pa përfaqësuar një angazhim përfundimtar ose pa u bërë i tillë. Të gjitha këto do t'ia mësoni fëmijës tuaj, me dashuri dhe pa u turpëruar, duke i shpjeguar mirë se ai është krijuar për të qenë i lumtur dhe për të përmbushur plotësisht, domethënë për të shijuar jetën me gjithë forcën e shqisave të tij, të gjitha. shqisat e tij..

Nuk do të të vijë kurrë turp për trupin apo lakuriqësinë tënde, sepse asgjë nuk i kënaq më shumë krijuesit tanë sesa të shohësh ata që krijuan të ndjehen të turpëruar për pamjen që iu dhanë.

Ju do t'i mësoni fëmijët tuaj të duan trupin e tyre, ashtu si ne duhet të duam çdo pjesë të krijimit të Elohim, sepse duke dashur krijimin, ne duam edhe krijuesit.

Secili prej organeve tona u krijua nga baballarët tanë, Elohim, në mënyrë që ne të mund t'i përdorim ato pa pasur as më të voglin turp, në vend të kësaj të ndiheshim të lumtur për të bërë punë atë që ishte krijuar për të funksionuar. Dhe nëse fakti i operimit të një prej këtyre organeve na sjell kënaqësi, kjo është sepse krijuesit tanë donin që ne të kënaqeshim duke i përdorur ato.

Çdo qenie njerëzore është një kopsht që nuk duhet të mbetet i papunuar. Një jetë pa kënaqësi është si një kopsht i tejmbushur. Kënaqësia është pleh që të hap mendjen. Asketizmi është i padobishëm, përveç nëse është një test kalues që synon të stërvit mendjen për të dominuar trupin e dikujt. Por pasi të keni arritur të kaloni testin që i kishit vendosur vetes dhe që duhet të jetë gjithmonë i kufizuar në kohë, duhet të shijoni edhe një herë kënaqësitë e jetës. Asketizmi mund të pranohet si ugar i atij kopshti që është qenia njerëzore, domethënë një ndërprerje momentale në kërkimin e kënaqësisë që do të lejojë më vonë ta vlerësojmë atë më shumë.

Ju do t'i mësoni fëmijët tuaj të kenë gjithnjë e më shumë liri, duke i konsideruar gjithmonë dhe para së gjithash si individë.

Ju do të respektoni prirjet dhe shijet e tyre ashtu siç dëshironi që ata të respektojnë prirjet dhe shijet tuaja. Gjithmonë mendoni se fëmija juaj është ai që është dhe se ju nuk do të jeni në gjendje ta bëni atë siç dëshironi të jetë, ashtu siç ai nuk do të jetë në gjendje t'ju bëjë atë që do që të jeni. Respektojeni atë në mënyrë që ai t'ju respektojë, dhe respektoni shijet e tij që ai të respektojë tuajat.

Realizimi

Një individ duhet të përpiqet të përmbushë veten sipas aspiratave dhe shijeve të tij, pa u shqetësuar për atë që mendojnë të tjerët, për sa kohë që askush nuk dëmtohet.

Nëse keni dëshirë të bëni diçka, fillimisht sigurohuni që ajo të mos dëmtojë askënd dhe më pas bëjeni pa u shqetësuar për atë që mendojnë të tjerët.

Nëse ju pëlqen të keni një përvojë sensuale ose seksuale me një ose disa individë të tjerë, pavarësisht nga gjinia e tyre dhe me kusht që këta individë të pajtohen me ju, mund të veproni sipas dëshirave tuaja.
Gjithçka lejohet në rrugën e vetërealizimit, të hapjes së trupit dhe, rrjedhimisht, të mendjes.

Më në fund po dalim nga ato kohë primitive kur gruaja konsiderohej vetëm si organ riprodhues që i përkiste shoqërisë. Aktualisht, falë shkencës, gratë mund të realizojnë veten lirisht dhe sensualisht, pa pasur nevojë të kenë frikë nga ndëshkimi i shtatzënisë. Së fundi, gruaja është vërtet e barabartë me burrin pasi ajo mund të shijojë vërtet trupin e saj pa pasur frikë të përballojë e vetme pasojat e padëshiruara të veprimeve të saj.

Konceptimi i një fëmije është një gjë shumë e rëndësishme për të qenë vetëm për shkak të rastësisë.

Kur të kesh një fëmijë, do ta bësh pasi të kuptosh se çfarë do të bësh dhe pasi të zgjedhësh ta bësh në një akt të mrekullueshëm dashurie të vendosur me mendime, të sigurt që e dëshiron vërtet atë.

Sepse një fëmijë mund të ketë sukses vetëm nëse dëshirohet vërtet në momentin e konceptimit të tij. Momenti i konceptimit është momenti më i rëndësishëm sepse pikërisht në atë moment konceptohet qeliza e parë, projekti i individit. Prandaj duhet dëshiruar ky moment, në mënyrë që qeliza e parë të formohet në harmoni të përsosur. Mendjet e dy prindërve duhet të jenë plotësisht të vetëdijshme dhe duhet të mendojnë mirë për qenien që po përpiqen të konceptojnë. Ky është një nga sekretet e njeriut të ri.

Por nëse jeni duke kërkuar vetëm hapjen e trupit tuaj dhe, rrjedhimisht, të mendjes tuaj, përdorni mjetet që shkenca ju vë në dispozicion. Përdorni kontracepsionin.

Ju do të keni një fëmijë vetëm kur ju vetë të keni kuptuar veten, në mënyrë që qenia që keni konceptuar të jetë fryt i bashkimit të dy qenieve të zgjuara.

Për të arritur përmbushjen tuaj personale, përdorni mjetet që shkenca vë në shërbimin tuaj për t'ju lejuar të hapni trupin tuaj ndaj kënaqësisë pa rrezik. Kënaqësia dhe riprodhimi janë dy gjëra të dallueshme që nuk duhen ngatërruar. E para i shërben individit, e dyta species.

Vetëm kur një individ e ka kuptuar veten, ai mund të krijojë një qenie tjetër të realizuar.

Nëse për fat të keq keni konceptuar një qenie pa e dëshiruar, përdorni mjetet që shkenca ju vë në dispozicion: përdorni abortin. Sepse një qenie që nuk ishte e dëshiruar në momentin e konceptimit të saj, nuk do të jetë në gjendje të realizojë plotësisht vetveten, pasi nuk është krijuar në harmoni. Mos dëgjoni ata që përpiqen t'ju frikësojnë duke folur për pasojat fizike dhe mbi të gjitha morale që mund të lërë një abortim. Nuk ka asnjë, nëse e keni bërë nga njerëz kompetentë. Përkundrazi, është pikërisht vendimi për të mbajtur një fëmijë të padëshiruar ai që mund t'ju lërë me pasoja fizike dhe morale nga të cilat do të vuajë i njëjti fëmijë që ju sillni në botë.

Të kesh një fëmijë nuk do të thotë domosdoshmërisht se je i martuar ose thjesht jetoni me një burrë. Shumë gra tashmë kanë vendosur të kenë një ose më shumë fëmijë pa qenë të martuara apo edhe pa jetuar me një burrë. Një fëmijë, i cili është një individ me të drejta të plota që nga lindja e tij, nuk ka nevojë domosdoshmërisht të arsimohet nga prindërit e tij. Shpesh do të ishte madje e preferueshme që ky edukim të ofrohej nga njerëz të kualifikuar të cilët do të kontribuonin shumë më tepër se disa prindër në përmbushjen e fëmijëve të tyre.

Nëse ju pëlqen të keni një fëmijë pa jetuar me një burrë, bëni si të dëshironi. Bëje veten si të duash, pavarësisht se çfarë mendojnë të tjerët. Nëse kjo është zgjedhja juaj, mos e besoni veten të dënuar për të jetuar vetëm përgjithmonë: merrni burrat që ju pëlqejnë dhe që do të përfaqësojnë sa më shumë shembuj meshkujsh për fëmijën tuaj. Një ditë do të mund të vendosni edhe të jetoni me një burrë dhe kjo zgjedhje e juaja jo vetëm që do t'i sjellë ndonjë problem fëmijës tuaj, por do të kontribuojë në përmbushjen e tij. Për një fëmijë, ndryshimi i mjedisit është gjithmonë i mirë.

Shoqëria duhet të organizohet për të marrë përsipër edukimin e fëmijëve, pjesërisht ose tërësisht, sipas vullnetit të prindërve. Ata që duan të punojnë duhet të kenë mundësi t'i lënë fëmijët e tyre nën kujdestarinë e personave kompetentë. Ata që dëshirojnë t'ua delegojnë të gjithë edukimin e fëmijëve të tyre personave kompetentë, duhet të jenë në gjendje t'ia besojnë plotësisht institucioneve të krijuara për këtë qëllim.

Në mënyrë të ngjashme, nëse keni pasur një fëmijë dhe e keni dashur atë, por pasi të keni lindur, nuk e dëshironi më atë, qoftë për shkak se jeni ndarë nga partneri juaj ose për një arsye krejtësisht tjetër, atëherë mund t'ia besoni atë shoqërisë në mënyrë që ajo të rrisë. atë në harmoni të nevojshme për realizimin e tij. Sepse një fëmijë që rritet në një mjedis ku nuk është i dëshiruar vërtet dhe intensivisht, nuk mund të përmbushet.

Një fëmijë është rritje dhe përmbushje e ndërsjellë. Nëse bëhet qoftë edhe një shqetësim i lehtë, ai bëhet i vetëdijshëm për këtë dhe ndikohet në realizimin e tij.

Prandaj është e nevojshme ta mbani atë me vete vetëm nëse prania e tij ndihet si një element i vetë-realizimit. Përndryshe duhet vendosur, pa më të voglin keqardhje, në ato institucione që shoqëria duhet t'i vërë në dispozicion për ta bërë atë të rritet. Megjithatë, kjo duhet bërë me gëzimin e thellë të atyre që ia besojnë fëmijën e tyre njerëzve që do të mund të kontribuojnë më mirë në realizimin e kësaj qenieje të vogël.

Ende mund të shkoni ta vizitoni rregullisht, por vetëm nëse fëmija dëshiron, pasi mendimi i tij është gjëja më e rëndësishme. Për më tepër, përgjegjësit e arsimit duhet t'i përshkruajnë prindërit për fëmijët e tyre si qenie të jashtëzakonshme, pasi ata i kanë dhënë më shumë rëndësi përmbushjes së fëmijëve të tyre sesa kënaqësisë egoiste të rritjes së tyre për veten e tyre dhe ua kanë besuar atyre njerëzve më kompetentë. sesa Ata.

Pra, do të jeni të lirë të zgjidhni bashkëshortin tuaj nëse dëshironi një të tillë. Martesa, qoftë fetare apo civile, është e kotë. Nuk mund të lidhësh një kontratë, sikur të shisje naftë, për të bashkuar qeniet e gjalla që do të ndryshojnë sepse janë gjallë.

Prandaj, ju do të refuzoni martesën, e cila është vetëm dukje e pasurisë së një qenieje. Në realitet, një burrë apo një grua nuk mund të jetë pronë e askujt. Çdo kontratë mund të shkatërrojë vetëm harmoninë që ekziston midis dy qenieve. Kur ndihemi të dashuruar, ndihemi të lirë edhe të duam. Kur nënshkruhet një kontratë, njeriu ndihet i burgosur dhe i detyruar të dashurojë dhe herët a vonë fillon të urrejë tjetrin.

Ju do të jetoni me personin që keni zgjedhur për aq kohë sa ndiheni rehat me të.

Kur nuk e kuptoni më njëri-tjetrin, mos qëndroni më bashkë sepse bashkimi juaj do të bëhej ferr. Çdo qenie e gjallë është në zhvillim dhe me të drejtë. Nëse evolucionet janë të ngjashme, sindikatat janë të qëndrueshme, por nëse evolucionet janë të ndryshme, atëherë sindikatat nuk janë më të mundshme. Qenia që ju ka pëlqyer më parë nuk ju pëlqen më, sepse ju (ose ai) keni ndryshuar. Ju duhet të ndani duke mbajtur një kujtim të mirë të bashkimit tuaj, në vend që ta njollosni atë me grindje që shkaktojnë agresion.

Fëmija zgjedh një kostum që i përshtatet dhe, kur të rritet, kostumi bëhet shumë i vogël për të: atëherë duhet ta braktisë medoemos për të veshur një tjetër, përndryshe do të përfundojë duke e grisur. I njëjti parim vlen edhe për sindikatat: duhet të largoheni përpara se të copëtoni.

Dhe mbi të gjitha, mos u shqetësoni për fëmijën tuaj. Është më mirë që ai të jetë në harmoni vetëm me njërin prind, sesa të jetë me të dy në mosmarrëveshje ose mungesë harmonie të përsosur. Mos harroni kurrë se fëmijët janë, para së gjithash, individë.

Në çdo rast, shoqëria duhet të sigurojë që të moshuarit të jetojnë një jetë të lumtur pa shqetësime materiale.

Por nëse duhet t'i respektojmë të moshuarit dhe të bëjmë gjithçka për t'u siguruar që ata të jetojnë të lumtur, ne nuk duhet t'i dëgjojmë ata vetëm sepse janë të moshuar. Një qenie njerëzore inteligjente është një këshillë e mirë pavarësisht moshës së tij, por një qenie budalla, qoftë edhe njëqindvjetor, nuk meriton të dëgjohet për një çast të vetëm; më keq, ai nuk ka asnjë justifikim pasi ka pasur një jetë të tërë për të provuar të zgjohet, ndërsa në rastin e një qenieje të re dhe budallaqe e gjithë shpresa është ende e ligjshme.

Sidoqoftë, një budalla i vjetër në çdo rast duhet të jetë në gjendje të jetojë rehat. Kjo është një detyrë e shoqërisë.

Vdekja nuk duhet të jetë shkak për tubime trishtuese, por përkundrazi, arsye për një festë të gëzueshme, pasi ndoshta është momenti kur i cili i dashuri hyn në parajsën e përjetshme në shoqërinë e Elohim, krijuesit tanë.

Prandaj ju do të kërkoni që të mos varroseni fetarisht. Në vend të kësaj, ju do t'i dhuroni trupin tuaj shkencës dhe do të kërkoni që ai të zhduket në mënyrë sa më diskrete, me përjashtim të kockës ballore, më saktë të pjesës që ndodhet sipër fillimit të hundës, 33 milimetra mbi qendrën e hundës. boshti që bashkon dy nxënësit. Ju do të keni të paktën një inç katror të kësaj kocke të dërguar në Guide of Guides për ruajtje në ambasadën tonë të Tokës. Të gjitha qeniet njerëzore, në fakt, ndiqen nga një kompjuter që regjistron veprimet e tyre dhe i bën bilancin e tyre në fund të jetës së tyre. Ata që bëhen të vetëdijshëm për mesazhet që transmeton Raeli do të rikrijohen nga qelizat që do të mbahen në ambasadën tonë. Për ta rikrijimi do të bëhet vetëm nëse pjesa e kërkuar e trupit u dërgohet Guide of Guides pas vdekjes së tyre. Në fakt, nga dita që mesazhet e Elohim-it bëhen të njohura, sistemi i kompjuterizuar që regjistron informacionin e dobishëm për gjykim mbetet i aktivizuar, por ai që lejon marrjen automatike të mostrave të një qelize në momentin e vdekjes është i shkëputur. Në këtë mënyrë, do të rikrijohen vetëm ata që pasi të kenë marrë dijeni për mesazhin, do të zbatojnë pikërisht atë që kërkon.

Të paktën një herë në jetën tuaj do ta bëni të nevojshme të takoni Udhërrëfyesin e Udhërrëfyesit ose një udhërrëfyes të autorizuar prej saj për të transmetuar planin tuaj qelizor te Elohim, në mënyrë që ata të zgjojnë mendjen tuaj dhe t'ju ndihmojnë të qëndroni zgjuar.

Në përputhje me atë që është shkruar në Librin që flet të Vërtetën, ju vetëm do t'ua lini trashëgim banesën ose shtëpinë e familjes fëmijëve tuaj. Ju do t'ia lini pjesën tjetër me testament Udhërrëfyesit dhe, nëse keni frikë se pasardhësit tuaj nuk do ta respektojnë vullnetin tuaj të fundit duke u përpjekur të marrin mbrapsht pasurinë tuaj nëpërmjet drejtësisë njerëzore, do t'ia dhuroni gjatë jetës suaj Udhërrëfyesit. për ta ndihmuar atë të përhapë mesazhin e krijuesve tanë në tokë.

Dhe ju që qëndroni, mos u trishto dhe mos u anko kur të vdes një njeri i dashur. Përkundrazi, përpiquni t'u dhuroni dashuri atyre që doni ndërsa ata janë gjallë. Në fakt, pasi të kenë vdekur të dashurit tuaj, ajo që ju bën të pakënaqur është të mendoni se ndoshta nuk i keni dashur mjaftueshëm dhe se është tepër vonë.

Nëse ata kanë qenë të mirë, atëherë do të kenë të drejtën e kopshteve të Elohim për përjetësi dhe do ta njohin lumturinë atje, por nëse nuk kanë qenë, atëherë nuk meritojnë keqardhje.

Në çdo rast, edhe nëse nuk janë ndër të zgjedhurit, nuk zhduken realisht. Vdekja nuk është një gjë shumë e rëndësishme dhe nuk duhet të kesh frikë prej saj. Është tamam si kur të zë gjumi, por një gjumë përfundimtar. Dhe duke qenë se ne jemi pjesë e pafundësisë, materia nga e cila jemi krijuar nuk shpërbëhet. Ai vazhdon të ekzistojë në tokë, në bimë apo kafshë, duke humbur dukshëm të gjithë homogjenitetin dhe rrjedhimisht të gjithë identitetin. Kjo pjesë e pafundësisë që u organizua nga krijuesit tanë sipas një plani të saktë, pra kthehet në pafundësi, duke mbetur pjesë e këtij topi të vogël të quajtur Tokë dhe që është i gjallë.

Çdo qenie ka të drejtën e jetës, të drejtën për dashuri dhe të drejtën për të vdekur. Çdo qenie është zot i jetës së tij dhe i vdekjes së tij. Vdekja nuk është asgjë, por vuajtja është një gjë e tmerrshme dhe duhet bërë gjithçka që është e mundur për ta eliminuar atë. Një qenie që vuan shumë ka të drejtë të bëjë vetëvrasje. Nëse ai ka bërë mirë gjatë gjithë jetës së tij, ai do të pranohet në planetin e të përjetshmëve.

Nëse një person që e doni vuan shumë dhe dëshiron të vdesë pa pasur forcën për të kryer vetëvrasje, ndihmojeni atë të vrasë veten.

Kur, falë përparimit shkencor, qeniet njerëzore janë në gjendje të shtypin vuajtjet e njerëzve të tjerë, atëherë ata do të jenë në gjendje të pyesin veten nëse vetëvrasja është e mirë apo e keqe.

Shoqërinë

Qeveria

Është e domosdoshme që të ketë një qeveri që merr vendime, ashtu si në trupin e njeriut ka një tru që i merr ato.

Do të bëni gjithçka që është e mundur për të krijuar një qeveri që do të vërë në praktikë Gjeniokracinë dhe do të vendosë inteligjencën në pushtet.

Ju do të merrni pjesë në krijimin e një partie humanitare mbarëbotërore që promovon humanitarizmin dhe geniokracinë siç përshkruhet në Librin që tregon të vërtetën dhe do të mbështesni kandidatët e saj.
Vetëm gjenokracia mund t'i lejojë qeniet njerëzore të hyjnë plotësisht në epokën e artë.

Demokracia totale nuk është e mirë. Një trup në të cilin sundojnë të gjitha qelizat nuk mund të mbijetojë. Vetëm njerëzit inteligjentë duhet të jenë në gjendje të marrin vendime që prekin njerëzimin. Prandaj, ju do të refuzoni të votoni nëse nuk paraqitet një kandidat që promovon geniokraci dhe humanitarizëm.

As votimi universal dhe as sondazhet nuk janë një mënyrë e mirë për të qeverisur botën. Të qeverisësh do të thotë të parashikosh dhe sigurisht të mos ndjekësh reagimet e një populli dele, prej të cilit vetëm një pjesë shumë e vogël është zgjuar mjaftueshëm për të udhëhequr njerëzimin. Duke qenë se ka shumë pak njerëz të zgjuar, nëse mbështeteni në votën universale ose në sondazhe, vendimet e marra do të përfaqësojnë zgjedhjet e shumicës. Prandaj, ato do të jenë vendimet e atyre që nuk janë zgjuar dhe që reagojnë sipas kënaqësive të tyre të menjëhershme ose reagimeve të tyre instinktive, të burgosur në mënyrë të pandërgjegjshme në një sfond obskurantizmi.

Vetëm gjenokracia vlen, pasi është një demokraci selektive. Siç u tha në Librin që thotë të vërtetën, vetëm njerëzit, IQ e papërpunuar e të cilëve është 50% mbi mesataren duhet të kenë të drejtë, dhe vetëm ata që kanë një IQ të papërpunuar prej 10% mbi mesataren mund të jenë votues.% në mesatare. Disa studiues tashmë po përpiqen të zhvillojnë teknika që na lejojnë të matim inteligjencën në gjendjen e saj të papërpunuar; ndiqni këshillat e tyre dhe sigurohuni që fëmijët e talentuar, minerali i papërpunuar më i çmuar për njerëzimin, të marrin një edukim të denjë për gjenialitetin e tyre, pasi edukimi normal bëhet për fëmijë normalë, pra me inteligjencë mesatare.

Nuk është numri i diplomave të marra ai që ka rëndësi, pasi është vetëm rezultat i një aftësie jointeresante të mendjes, kujtesës, të cilën makinat e thjeshta mund ta zëvendësojnë. Është inteligjenca e papërpunuar ajo që i bën disa fshatarë apo punëtorë shumë më të zgjuar se disa inxhinierë apo profesorë. Kjo e fundit mund të krahasohet me sensin e shëndoshë, ose gjeniun krijues, pasi shumica e shpikjeve janë thjesht çështje e sensit të shëndoshë.

Të qeverisësh do të thotë të parashikosh dhe të gjitha problemet e mëdha me të cilat përballet njerëzimi sot dëshmojnë se qeveritë nuk kanë qenë në gjendje të parashikojnë asgjë dhe për këtë arsye ishin të paaftë për të qeverisur. Nuk është një problem që lidhet me njerëzit, por një problem në teknikën e zgjedhjes së përgjegjësve. Është sistemi i zgjedhjes që nuk është i mirë. Demokracia e egër duhet të zëvendësohet nga një demokraci selektive: gjenokracia, e cila vendos në pushtet qeniet më inteligjente. Duhet të jetë gjëja më e dukshme.

Ligjet njerëzore janë të domosdoshme dhe ju do t'i respektoni ato duke u siguruar që ato të padrejta ose të vjetruara të ndryshohen.

Mes ligjeve njerëzore dhe atyre të krijuesve nuk do të hezitoni për asnjë çast, pasi edhe gjyqtarët njerëzorë një ditë do të gjykohen nga krijuesit tanë.
Policia është e domosdoshme derisa qeniet njerëzore të kenë zbuluar terapi që lejojnë shtypjen e dhunës dhe për të parandaluar kriminelët, ose ata që sulmojnë lirinë e të tjerëve, të veprojnë.

Ndryshe nga ushtarakët, të cilët janë roje të luftës, policët janë rojtarë të paqes dhe janë përkohësisht të domosdoshëm, ndërsa presin që shkenca të gjejë një zgjidhje për këtë problem.

Do të refuzoni të kryeni shërbimin ushtarak dhe do të aplikoni për përfitimin e statutit të kundërshtarit të ndërgjegjes, i cili ju lejon të viheni në shërbim të shoqërisë në një sektor ku armët nuk përdoren. Është e drejta juaj nëse besimet tuaja fetare ose filozofike ju pengojnë të vrisni të tjerët, si në rastin e atyre që besojnë në Elohim, krijuesit tanë, dhe duan të ndjekin udhëzimet e Udhëzuesit të Udhërrëfyesve. Ndryshe nga sa besojnë shumë të rinj, kundërshtarët për shkak të ndërgjegjes nuk shkojnë në burg, por kryejnë shërbimin civil ose një punë ku nuk përdoren armë, për dyfishin e kohëzgjatjes së shërbimit normal ushtarak. Është më mirë të qëndrosh dy vjet në një zyrë sesa të stërvitesh për një vit në teknikat që të mësojnë se si të vrasësh njeriun tjetër.

Ne kemi nevojë urgjente për të hequr shërbimin ushtarak në të gjitha kombet e botës. Të gjithë ushtarët e karrierës duhet të shndërrohen në roje të paqes botërore, domethënë të vënë veten në shërbim të lirisë dhe të drejtave të njeriut.

I vetmi regjim i vlefshëm është një gjenokraci që zbaton humanitarizmin.

Kapitalizmi është i keq, pasi skllavëron qenien njerëzore në paratë dhe fitimin e disave që pasurohen nga shpina e të tjerëve.

Komunizmi është gjithashtu i keq, sepse i kushton më shumë rëndësi barazisë sesa lirisë. Në fillim, në momentin e lindjes, duhet të ketë barazi mes njerëzve, por jo më pas. Nëse të gjitha qeniet njerëzore duhet të kenë të drejtën për atë që është e nevojshme për të jetuar me dinjitet, ata që bëjnë më shumë se të tjerët për njerëzit e tjerë kanë të drejtë të kenë më shumë se ata që nuk bëjnë asgjë për komunitetin.

Natyrisht, ky është një rregull i përkohshëm, duke pritur që qenia njerëzore të jetë në gjendje t'i bëjë robotët të kryejnë të gjithë punën e nevojshme në mënyrë që të jetë në gjendje t'i përkushtohet vetëm përmbushjes së tij personale, pasi të ketë ndrydhur plotësisht paratë.

Ndërkohë, është e turpshme që ndërsa disa njerëz vdesin nga uria, të tjerë shkatërrojnë ushqimin për të parandaluar rënien e çmimeve. Në vend që t'i hedhin këto ushqime, duhet t'ua shpërndajnë atyre që nuk kanë asgjë për të ngrënë.

Puna nuk duhet të konsiderohet si diçka e shenjtë. Çdo qenie njerëzore ka të drejtë të ketë atë që është e nevojshme për të jetuar, edhe nëse nuk punon. Secili duhet të përpiqet të realizojë veten në fushën që e tërheq. Nëse qeniet njerëzore organizohen, nuk do të kenë shumë kohë përpara se të gjitha punët e domosdoshme të mekanizohen dhe automatizohen plotësisht. Vetëm atëherë ata do të jenë në gjendje të realizojnë veten lirisht.

Nëse të gjitha qeniet njerëzore do të punonin vërtet shumë, do të duheshin vetëm disa vite që qeniet njerëzore të çliroheshin nga detyrimi për të punuar. Do të mjaftonte që të gjitha kapacitetet teknike dhe shkencore të viheshin në shërbim të këtij qëllimi. Do të mjaftonte që të gjithë punëtorët, në një shpërthim të mrekullueshëm solidariteti për çlirimin e qenieve njerëzore nga të gjitha kufizimet materiale, të fillonin të punonin fort jo më për interesa të veçanta, por për të gjithë komunitetin dhe për mirëqenien e tij. Për këtë qëllim fisnik, duhet të përdorim edhe të gjitha fondet që harxhohen për shpenzime ushtarake apo për gjëra të tjera të pakuptimta, si p.sh., krijimi i armëve bërthamore apo fluturimet hapësinore, të cilat do të studioheshin shumë më mirë dhe shumë më lehtë dikur. pasi qenia njerëzore të çlirohet nga kufizimet materiale. Keni në dispozicion kompjuterë, pajisje elektronike që mund të zëvendësojnë në mënyrë të favorshme qenien njerëzore; përqendroni përpjekjet tuaja që këto mjete teknike të vihen vërtet në shërbim të njerëzimit. Në pak vite mund të ndërtoni një botë krejtësisht të ndryshme. Ju keni ardhur në epokën e artë.

Bëni çmos për të ndërtuar robotë biologjikë që do t'ju çlirojnë nga nevojat e ulëta dhe do t'ju lejojnë të përmbushni veten.

Planifikimi urban duhet të mendohet siç përshkruhet në Librin që tregon të vërtetën. Qeniet njerëzore duhet të ndërtojnë shtëpi shumë të larta të zakonshme të vendosura në mes të fshatit, në mënyrë që shtëpitë individuale të mos "gllabërojnë" natyrën. Mos harroni se nëse çdo qenie njerëzore ka shtëpinë e vet të fshatit me një kopsht të vogël, fshati nuk ekziston më. Këto shtëpi të zakonshme duhet të jenë qytete të vërteta të pajisura me gjithçka që është e nevojshme për qeniet njerëzore dhe duhet të jenë në gjendje të strehojnë rreth pesëdhjetë mijë banorë.

Njeriu duhet ta respektojë natyrën derisa të jetë në gjendje ta rikrijojë atë, ose derisa të jetë në gjendje të bëhet vetë krijues. Duke respektuar natyrën ju respektoni ata që e krijuan atë, etërit tanë, Elohim.

Ju kurrë nuk do t'i bëni kafshët të vuajnë. Ju mund t'i vrisni për t'u ushqyer me mishin e tyre, por pa i bërë të vuajnë. Sepse nëse vdekja nuk është asgjë, vuajtja është e neveritshme, dhe ju duhet të shmangni kafshët që vuajnë, ashtu siç duhet të shmangni qeniet njerëzore.

Sidoqoftë, mos hani shumë mish, do të ndiheni më mirë.

Ju mund të ushqeheni me gjithçka që ofron toka. Ju nuk jeni të detyruar të ndiqni një dietë të caktuar: mund të hani mish, perime, fruta, perime dhe kafshë. Është marrëzi të ndjekësh një regjim vegjetarian me pretekstin se nuk dua të ushqehesh me mishin e qenieve të tjera të gjalla. Edhe bimët janë të gjalla dhe edhe ato vuajnë si ju.

Ju nuk do t'i bëni bimët të vuajnë, ato janë të gjalla ashtu si ju.

Ju nuk do të deheni nga pijet alkoolike. Mund të pini pak verë duke ngrënë, sepse është produkt i tokës, por pa u dehur kurrë. Përjashtimisht mund të pini pije alkoolike, por në sasi shumë të kufizuara dhe të shoqëruara me ushqime të forta për të mos u dehur kurrë. Sepse një qenie njerëzore që dehet nuk është më në gjendje të vihet në harmoni me pafundësinë dhe as të kontrollojë veten, dhe kjo është një gjë e mjerueshme në sytë e krijuesve tanë.

Ju nuk do të pini duhan, pasi trupi i njeriut nuk është krijuar për të gëlltitur tymin. Kjo ka efekte të dëmshme në organizëm dhe pengon një hapje dhe një realizim total. Gjithashtu ju pengon të vendosni veten në harmoni me pafundësinë.

Ju nuk do të përdorni asnjë drogë, nuk do të merrni drogë, sepse mendja e zgjuar nuk ka nevojë për asgjë për t'iu afruar pafundësisë. Është e neveritshme në sytë e krijuesve tanë që njerëzit mendojnë se qeniet njerëzore duhet të marrin drogë për të përmirësuar veten. Qeniet njerëzore nuk kanë nevojë të përmirësojnë veten sepse janë të përsosur, sepse janë krijuar sipas imazhit të krijuesve të tyre. Të thuash se qeniet njerëzore janë të papërsosur do të thotë të fyesh krijuesit tanë që na krijuan sipas imazhit të tyre. Qeniet njerëzore janë të përsosura, por bëhen të papërsosur duke menduar se nuk janë dhe duke u dorëzuar ndaj saj. Përpiquni çdo moment për ta mbajtur veten në një gjendje zgjimi ju lejon të qëndroni të përsosur, domethënë pikërisht ashtu siç na krijoi Elohim.

Meditim dhe lutje

Ju do të merrni përsipër të meditoni të paktën një herë në ditë, domethënë të vendosni veten në raport me të pafundmën, në raport me Elohim, në raport me shoqërinë dhe në raport me veten.

Ju do të meditoni pas zgjimit, në mënyrë që e gjithë qenia juaj të jetë plotësisht e vetëdijshme për pafundësinë dhe në zotërim të plotë të mjeteve të saj.

Ju do të meditoni para çdo vakti në mënyrë që i gjithë trupi juaj të hajë kur hani dhe, kur të hani, të bëheni të vetëdijshëm për atë që po bëni. Meditimi juaj nuk do të jetë një meditim i thatë, por, përkundrazi, një meditim sensual. Do ta lini veten të pushtoni nga paqja dhe harmonia derisa të bëhet një kënaqësi.

Meditimi juaj nuk duhet të jetë kurrë një punë e përditshme, por një kënaqësi. Është më mirë të mos meditosh sesa të meditosh pa dashur. Mos e detyroni meditimin mbi fëmijët tuaj ose anëtarët e familjes. Në vend të kësaj, shpjegoni atyre kënaqësinë që sjell dhe mirëqenien që sjell. Dhe nëse kanë dëshirë të meditojnë, përpiquni t'u mësoni atyre atë që dini.

Ju do të mendoni thellë për krijuesit tanë, Elohim, të paktën një herë në ditë, duke u përpjekur të komunikoni telepatikisht me ta. Kështu do të rizbuloni kuptimin origjinal të lutjes. Nëse nuk dini si të filloni, mund të frymëzoheni nga Ati Ynë, fjalët e të cilit janë krejtësisht të përshtatshme për të komunikuar me krijuesit tanë.

Të paktën një herë në javë do të provoni komunikim telepatik në grup me njerëz të tjerë në rajonin tuaj që besojnë në Elohim, dhe nëse është e mundur me një udhëzues.

Ju do të bëni gjithçka që është e mundur për të shkuar çdo vit në mbledhjen e të gjithë atyre që besojnë në Elohim dhe në Mesazhet që ata i dhanë profetëve të fundit.

Teknika për përpjekjen e kontaktit telepatik me Elohim

Këtu është një model teksti për të shqiptuar duke menduar intensivisht për fjalët që e përbëjnë atë dhe duke shikuar drejt qiellit.

Elohim, ti je atje lart, diku mes këtyre yjeve,

Elohim, ti je atje lart dhe e di që po na shikon,

Elohim, ti je atje lart dhe do të doja shumë të të takoja,

Elohim, ti je atje lart dhe çfarë të shpresoj që të meritoj një prekje,

Elohim, unë ju njoh si krijues dhe me përulësi e vë veten në shërbimin tuaj,

Elohim, unë e njoh Raelin, të dërguarin tënd, si udhërrëfyesin tim dhe besoj në të dhe në mesazhet që ti i ke dhënë,

O Zot, unë do të bëj çmos për t'i bërë të njohur rreth meje, sepse e di që nuk kam bërë aq sa duhet,

Elohim, unë i dua të gjithë njerëzit si vëllezërit e mi, sepse janë bërë sipas imazhit tënd,

Elohim, unë kërkoj t'u sjell atyre lumturi duke hapur mendjet e tyre në pafundësi dhe duke u zbuluar atyre atë që më është zbuluar mua,

Elohim, përpiqem t'i ndrydh vuajtjet e tyre duke e vënë të gjithë qenien time në shërbim të njerëzimit, pjesë e të cilit jam.

Elohim, përpiqem të shfrytëzoj sa më shumë mendjen që më ke dhënë për të nxjerrë njerëzimin nga errësira dhe vuajtja,

Elohim, shpresoj që atë pak që kam bërë në fund të jetës sime, do të gjykosh aq sa të më japësh të drejtën për jetën e përjetshme në planetin e të mençurve,

Unë të dua, siç ishte e nevojshme që ti të kishe dashur qeniet njerëzore për të pranuar më të mirën mes tyre ndër të përjetshmit.

Artet

Ju do të bëni gjithçka që keni për të inkurajuar artistët dhe për të ndihmuar fëmijën tuaj nëse ai është i tërhequr nga artet.
Arti është një nga gjërat që na lejon më së miri të jemi në harmoni me pafundësinë.

Konsideroni çdo gjë natyrore si një art dhe çdo art si një gjë natyrore.
Rrethojeni veten me vepra arti që tërheqin veshët, sytë, prekjen, nuhatjen ose shijen.

Çdo gjë që tërheq shqisat është artistike. Nuk janë vetëm muzika, piktura, skulptura dhe të gjitha artet e njohura zyrtarisht; gastronomia është gjithashtu, përgatitja e parfumeve dhe mbi të gjitha dashuria, pasi këto arte synojnë shqisat.

Çdo formë e artit përdor harmoninë, duke i lejuar ata që e vlerësojnë atë të lënë veten të pushtohen nga diçka harmonike, e cila i vendos ata në një pozicion për ta vendosur veten në harmoni me të pafundmën.
Letërsia është veçanërisht e rëndësishme sepse na lejon të hapim mendjet dhe të shohim horizonte të reja. Letërsia për hir të saj nuk është veçse një grumbullim thashethemesh; ajo që ka rëndësi nuk është kompozimi i fjalive të bukura, por transmetimi i ideve të reja te të tjerët përmes leximit.

Mediat audiovizive janë edhe më të rëndësishme, pasi ato trajtojnë njëkohësisht shikimin dhe dëgjimin. Ato mund të zëvendësojnë literaturën në mënyrë të favorshme sepse janë më të plota. Ndërkohë, literatura është përkohësisht e dobishme.

Meditim sensual

Nëse dëshironi të arrini një nivel të lartë harmonie me pafundësinë, përgatitini vetes një vend meditimi sensual. Zbukurojeni me vepra arti, piktura, riprodhime, pëlhura, postera, skulptura, vizatime, fotografi ose të tjera, duke u përpjekur të përfaqësoni dashurinë, pafundësinë dhe sensualitetin; kjo është për kënaqësinë e syve. Përgatitni vetes një cep ku mund të uleni në dyshemé, në jastëkë për shembull, ose të shtriheni, në një divan ose në një pallto leshi; kjo për kënaqësinë e prekjes. Përhapja e aromave të këndshme; kjo është për kënaqësinë e hundës. Vendosni një sistem audio për të dëgjuar muzikën që ju pëlqen; kjo është për kënaqësinë e veshëve. Përgatitni pjata dhe shishe plot me ushqime dhe pije që ju pëlqejnë; kjo për kënaqësinë e gojës.

Na ftoni një ose më shumë qenie që ju tërheqin, që përputhen me shijet tuaja dhe me të cilët ndiheni mirë dhe në harmoni, dhe ushqeni ndjenjat tuaja së bashku, hapni trupin tuaj në mënyrë që mendjet tuaja të hapen në dashuri dhe vëllazëri.

Nëse një qenie ju tërheq fizikisht dhe mendoni se është e ndërsjellë, sillni në këtë vend. Së bashku do të jeni në gjendje të arrini lartësimin e asaj harmonie që ju lejon t'i afroheni pafundësisë, duke kënaqur pesë shqisat tuaja dhe duke e bashkuar këtë me sintezën e të gjitha këtyre kënaqësive: bashkimin fizik të dy qenieve në harmoni të plotë dhe në ndriçimin e aktit. Dashuri.

Është e qartë se harmonia para së gjithash duhet të ekzistojë në një nivel shpirtëror, domethënë se mendjet, dhe për rrjedhojë trupat, në mënyrën e tyre të afrimit dhe të konsiderimit të njëri-tjetrit, duhet të ndihen të tërhequr nga njëri-tjetri. Por një dashuri shpirtërore sublimohet gjithmonë nga një dashuri fizike e realizuar. Të duash do të thotë të japësh pa pritur asgjë në këmbim. Nëse e doni dikë, duhet t'i jepni plotësisht atij veten nëse ai dëshiron.

Nuk do të jesh kurrë xheloz, sepse xhelozia është e kundërta e dashurisë. Kur e doni dikë, duhet të kërkoni lumturinë e tij me të gjitha mënyrat dhe para çdo gjëje tjetër. Të duash do të thotë të kërkosh lumturinë e të tjerëve, dhe jo tënden.

Nëse qenia që doni tërhiqet nga dikush tjetër, mos u bëni xheloz; përkundrazi, ju duhet të jeni të lumtur nëse personi që doni është i lumtur, edhe nëse kjo është falë një tjetri. Duajeni gjithashtu personin që, ashtu si ju, dëshiron t'i japë lumturi qenies që doni dhe që për këtë arsye ka të njëjtin qëllim si ju.

Xhelozia është frika se dikush tjetër po e bën të dashurin tuaj më të lumtur sesa po e bëni ju. Prandaj xhelozia është frika e humbjes së të dashurit. Në vend të kësaj, ne duhet të përpiqemi të bëjmë më të mirën në mënyrë që qenia që duam të jetë e lumtur. Dhe nëse dikush tjetër e bën atë më të lumtur se ne, ne duhet të gëzohemi sepse ajo që ka rëndësi nuk është se i dashuri është i lumtur falë nesh, por që ai është thjesht i lumtur, kushdo që e bën të lumtur.

Nëse personi që doni është i lumtur me dikë tjetër, gëzohuni me lumturinë e tij.

Ju do ta njihni qenien që ju do nga fakti se ai nuk do të kundërshtojë të qenit tuaj të lumtur me dikë tjetër. Nga ana juaj, ju duhet ta doni këtë qenie që ju do aq shumë dhe ju duhet t'i jepni atij lumturi. Këtu qëndron rruga e dashurisë universale.

Mos e refuzoni dikë që dëshiron t'ju bëjë të lumtur, sepse duke pranuar që ai e bën këtë, ju e bëni atë të lumtur nga ana tjetër dhe ky është një akt dashurie.

Gëzohuni me lumturinë e të tjerëve, në mënyrë që të tjerët të gëzohen me tuajën.

Drejtësia e meshkujve

Nuk do të hezitoni asnjë çast mes ligjeve njerëzore dhe atyre të krijuesve, pasi edhe gjyqtarët njerëzorë një ditë do të gjykohen nga krijuesit tanë.

Ligjet njerëzore janë të domosdoshme, por ato duhen përmirësuar, sepse nuk marrin parasysh sa duhet dashurinë dhe vëllazërinë.

Dënimi me vdekje duhet të hiqet, sepse asnjë qenie njerëzore nuk ka të drejtë të vrasë një qenie tjetër njerëzore ftohtë dhe në mënyrë të arsyetuar dhe të organizuar. Duke pritur që qeniet njerëzore, falë përparimeve të shkencës, të jenë në gjendje të kontrollojnë dhunën që mund të ekzistojë tek individë të caktuar dhe t'i shërojnë ata nga kjo sëmundje, ju do t'i mbani kriminelët të ndarë nga shoqëria dhe do t'u jepini atyre dashurinë që u ka munguar.duke u përpjekur ti bëni ata të kuptojnë monstruozitetin e veprimeve të tyre, duke u dhënë atyre dëshirën për të shëlbuar veten.

Mos i përzieni kriminelët e mëdhenj, që vuajnë nga një sëmundje ngjitëse, me njerëz që kanë kryer krime të vogla, që këta të fundit të mos jenë të kontaminuar.

Mos harroni kurrë se çdo kriminel është një person i sëmurë, prandaj konsiderojeni atë si të tillë. Sot jemi të shokuar kur mendojmë se në një epokë të caktuar njerëzit që vuanin nga krizat e histerisë janë mbytur mes dy dyshekëve, por një ditë, kur të dimë të kurojmë dhe mbi të gjitha të parandalojmë sëmundjen e krimit, do të skandalohemi të mendojmë se në një epokë të caktuar kriminelët u ekzekutuan.

Falni ata që ju kanë lënduar pa dashje dhe mos u mbani kundër atyre që ju lënduan vullnetarisht: ata janë njerëz të sëmurë. Në fakt, njeriu duhet të jetë i sëmurë për t'i bërë keq fqinjit. Nga ana tjetër, mendoni se sa fatkeq janë ata që dëmtojnë të tjerët, pasi nuk do të kenë të drejtën e jetës së përjetshme në kopshtet e Elohimëve.

Por nëse një qenie dëshiron të të lëndojë ose të lëndojë ata që do, atëherë përpiqu ta kontrollosh dhe nëse nuk ia del mbanë, ke çdo të drejtë të mbrohesh për të shpëtuar jetën tënde ose të atyre që do; megjithatë, kurrë mos goditni me qëllimin për të vrarë, qoftë edhe në vetëmbrojtje. Në vend të kësaj, përpiquni ta rrëzoni atë, për shembull, ta rrëzoni atë. Nëse goditja që keni dhënë rezulton të jetë vdekjeprurëse pa e shkaktuar atë me këtë qëllim, nuk keni asgjë për të qortuar veten.

Sepse do të parandaloni që dhunuesit të dëmtojnë dhe, nëse është e nevojshme, do të përdorni forcën, por kurrë mos u përpiqni të vrisni. Dhuna është e patolerueshme dhe ju nuk do ta toleroni atë, edhe nëse ju duhet ta reduktoni dhunuesin në impotencë përmes përdorimit të forcës. Ju do të përdorni një forcë jo të dhunshme, domethënë një forcë të ekuilibruar, e cila nuk vepron kurrë me qëllimin për të bërë dëm, por vetëm për të ndaluar ata që e bëjnë atë.

Çdo kërcënim për dhunë duhet të trajtohet po aq ashpër sa një veprim i vërtetë i dhunshëm. Të kërcënosh të jesh i dhunshëm do të thotë të konceptosh se kjo është e mundur dhe se është një mjet për të arritur qëllimin. Një qenie e aftë të kërcënojë një qenie tjetër me dhunë është po aq e rrezikshme sa një qenie njerëzore që ka kryer një akt dhune. Ndërsa presim që të jemi në gjendje të shërojmë mjekësisht ata që shqiptojnë kërcënime të tilla, ne duhet t'i ndajmë nga shoqëria dhe të përpiqemi t'i bëjmë të kuptojnë se deri në çfarë mase kjo mënyrë veprimi është monstruoze.

Përballë rrëmbimit të pengjeve, mendoni para së gjithash për shpëtimin e jetëve të të pafajshmëve që nuk janë në duart e këtyre njerëzve të sëmurë. Pra, mos u jepni atyre atë që kërkojnë. Shoqëria nuk duhet të përmbushë kërkesat e pengmarrësve, pasi pranimi i një shantazhi të tillë po inkurajon kriminelët e tjerë të bëjnë të njëjtën gjë dhe vlerëson kërcënimin.

Të gjitha qeniet njerëzore duhet të jenë të barabarta në të drejta dhe fuqi në lindje, pavarësisht nga raca e tyre. Jini racist ndaj imbecilëve, pavarësisht nga ngjyra e lëkurës së tyre. Të gjitha racat që populllojnë toka u krijua nga Elohim dhe të gjithë duhet të respektohen në mënyrë të barabartë.
Të gjithë njerëzit në tokë duhet të bashkohen për të formuar një qeveri

botërore, ashtu siç përshkruhet në Librin që tregon të vërtetën.
Impononi një gjuhë të re botërore fëmijëve të të gjitha shkollave në botë. Esperanto ekziston tashmë dhe, nëse askush nuk ofron diçka më të mirë, zgjidhni Esperanton.

Ndërsa prisni që të jeni në gjendje të eliminoni paratë, krijoni një monedhë të re botërore për të zëvendësuar monedhat kombëtare. Kjo është zgjidhja e krizës monetare.

Nëse askush nuk ka propozime më të mira, përdorni sistemin federalist. Krijoni një federatë të shteteve të botës.

Lërini pavarësinë e tyre rajoneve: ata duhet të jenë në gjendje të organizohen si të duan. Bota do të jetojë në harmoni nëse nuk përbëhet më nga shtete, por nga rajone të bashkuara në një federatë që merr në duart e veta fatin e tokës.

Shkenca

Shkenca është gjëja më e rëndësishme për qeniet njerëzore. Do të jeni të informuar për të gjitha zbulimet e bëra nga shkencëtarët që mund të zgjidhin çdo problem. Mos lejoni që zbulimet shkencore të bien në duart e atyre që mendojnë vetëm për fitimin, as në duart e ushtarakëve që mbajnë sekret disa shpikje me qëllimin e vetëm për të ruajtur një epërsi hipotetike ndaj armiqve fantazmagorik.

Shkenca duhet të jetë feja juaj, pasi Elohim, krijuesit tuaj, ju krijuan shkencërisht. Duke qenë shkencorë, krijuesit tuaj ju pëlqejnë, sepse ju silleni si ata dhe tregoni se jeni të ndërgjegjshëm,

të bëhen sipas imazhit të tyre dhe të etur për të shfrytëzuar të gjitha shanset tuaja.

Shkenca duhet të përdoret për t'i shërbyer qenieve njerëzore dhe për t'i çliruar ata, jo për t'i shkatërruar dhe tjetërsuar ata. Besojuni atyre shkencëtarëve që nuk manipulohen nga interesat financiare, dhe vetëm atyre.

Mund të luani sport, pasi është një element shumë pozitiv për ekuilibrin tuaj. Sidomos sportet që zhvillojnë vetëkontrollin.

Shoqëria duhet të autorizojë sportet e dhunshme, madje edhe shumë të dhunshme, sepse këto janë valvula sigurie. Një shoqëri e zhvilluar dhe jo e dhunshme duhet të ketë lojëra që ruajnë imazhin e dhunës për të lejuar të rinjtë që duan të jenë të dhunshëm me të tjerët që kanë të njëjtën dëshirë. Kjo u jep njerëzve të tjerë mundësinë për të parë këto shfaqje të dhunshme dhe për të çliruar veten nga dallgët e tyre agresive. Ju mund të merrni pjesë në lojëra që ju bëjnë të mendoni dhe e bëjnë trurin tuaj të funksionojë. Por derisa paratë të jenë të ndrydhura, mos luani kurrë për të fituar para. Luaj vetëm për kënaqësinë e punës së mendjes.

Ju do t'i datoni shkrimet tuaja duke numëruar vitin 1946 si vitin e parë pas Raelit, të fundit të profetëve. Prandaj, viti 1976 do të jetë viti 31 pas Raelit, ose viti 31 i Epokës së Ujorit, ose viti 31 i Epokës së Apokalipsit, ose viti 31 i Epokës së Artë.

Truri i njeriut

Mundësitë e trurit të njeriut janë ende larg të qenit plotësisht të njohura. Shqisa e gjashtë, ose perceptimi i drejtpërdrejtë, duhet të zhvillohet tek fëmijët që në moshë të hershme. Kjo është ajo që ne e quajmë telepati. Telepatia na lejon të komunikojmë drejtpërdrejt me krijuesit tanë, Elohim.

Shumë mediume erdhën të më shihnin për të pyetur se çfarë duhet të bënin, pasi kishin marrë mesazhe nga ajo që mendonin se ishte "përtej". Këto mesazhe u kërkonin të më kontaktonin për të më ndihmuar dhe që unë t'i bëja të lehta. Mediat janë njerëz shumë të rëndësishëm sepse ata posedojnë një dhunti mbi mesataren e telepatisë dhe truri i tyre është në rrugën drejt gjendjes së zgjuar. Megjithatë, ata duhet të bëjnë përpjekje meditimi për të zotëruar plotësisht mundësitë e tyre.

Pres me padurim që të gjithë mediumet që janë udhëzuar të më kontaktojnë për ta bërë këtë, në mënyrë që të mund të organizojmë takime të rregullta. Mediat e vërteta që duan të informohen do të marrin direktiva.

Fuqia e një truri është e madhe, por fuqia e shumë trurit është e pafund. Le ta kuptojnë ata që kanë veshë.

Mos harroni kurrë se çdo gjë që nuk kuptoni dhe që shkencëtarët tuaj nuk mund ta shpjegojnë i takon Elohim-it, sepse orëndreqësi i di të gjitha ingranazhet e orës që ka bërë.

Apokalipsi

Mos harroni se apokalipsi, që fjalë për fjalë do të thotë "epoka e zbulesës", ka ardhur siç ishte parashikuar.

Thuhet se kur të vijnë kohët, do të ketë shumë profetë të rremë. Thjesht duhet të shikoni përreth për të kuptuar se këto kohë kanë ardhur. Profetët e rremë si ata që bëjnë horoskopë, letrat janë plot me ta. Profetë të rremë si ata që i referohen shkronjës së shkrimeve të lashta, domethënë mesazheve të dhëna nga Elohim për primitivëve të kohëve të lashta, dhe që refuzojnë përfitimet e shkencës. Këta profetë të rremë preferojnë të besojnë atë që njerëzit primitivë mendjengushtë kopjuan me frikë të dridhur ndërsa dëgjonin ata që i konsideronin perëndi sepse vinin nga parajsa. Ata preferojnë t'i besojnë këto shkrime sesa një mesazh drejtuar qenieve njerëzore që nuk gjunjëzohen më budallallëk përpara gjithçkaje që vjen nga parajsa, që kërkojnë të kuptojnë universin dhe që mund të trajtohen si perëndi të rritur. Shikoni përreth dhe do të shihni turmën e sekteve fetare fanatike dhe obskurantiste që tërheqin të rinjtë që mashtrohen lehtësisht sepse kanë etje për të vërtetën.

Një filozof tha: "Jezusi erdhi për të na treguar rrugën për të shkuar dhe njerëzit i mbanin sytë të ngulur në gishtin e tij." Meditoni për këtë fjali. Nuk ka rëndësi lajmëtari, por personi që dërgon mesazhin dhe vetë mesazhi.

Mos u humbni mes sekteve orientale; e vërteta nuk është në majë të Himalajeve, as në Peru, as askund tjetër. E vërteta është brenda jush. Por nëse ju pëlqen të jeni turist dhe nëse e doni ekzotizmin, shkoni në të gjitha këto vende të largëta. Pasi të shkoni atje do të kuptoni se keni humbur kohën tuaj dhe do të kuptoni se ajo që kërkoni është brenda jush. Udhëtoni brenda vetes, përndryshe nuk do të jeni asgjë më shumë se një turist, një qenie njerëzore që kalon dhe beson se mund ta gjejë të vërtetën duke parë qeniet e tjera njerëzore që e kërkojnë atë thellë brenda vetes. Ndoshta ata do ta gjejnë atë, por jo ata që i vëzhgojnë. Dhe për të udhëtuar brenda nuk keni nevojë të merrni asnjë avion.

Lindja nuk ka asgjë për t'i mësuar Perëndimit për sa i përket urtësisë dhe hapjes mendore; është krejt e kundërta. Si prisni të gjeni mençuri mes qenieve të uritura duke parë tufat e lopëve "të shenjta" që kalojnë? Në vend të kësaj, është Perëndimi, me trurin dhe shkencën e tij, ai që u vjen në ndihmë popujve që janë fosilizuar në besime primitive dhe vdekjeprurëse. Nuk është rastësi që Perëndimi nuk i njeh problemet e botës së tretë. Aty ku mbretëron inteligjenca, trupi nuk vdes nga uria. Aty ku mbretëron obskurantizmi, trupi nuk mund të mbijetojë. A munden primitivët të zgjidhin problemin e urisë në botë dhe të ushqejnë të uriturit? Ata tashmë kanë kaq shumë vështirësi të ushqehen dhe ju pretendoni se gjeni mençuri mes tyre?

Në fillim, të gjithë popujt e tokës kishin një shans të barabartë. Disa i kanë zgjidhur problemet e tyre dhe kanë shumë, ndërsa të tjerë nuk kanë aq sa për të mbijetuar. Cilët njerëz sipas jush mund të ndihmojnë tjetrin? Popujt e Perëndimit kanë ende një rrugë të madhe për të ecur në rrugën drejt mendjehapjes, por popujt e Lindjes nuk kanë bërë as një të dhjetën e rrugës që kanë bërë tashmë popujt e Perëndimit.

Komunikimi telepatik

*"Mendja dhe materia
janë përjetësisht të njëjta"
(Libri Tibet i të Vdekurve)*

Nëse dëshironi të merrni komunikime telepatike me cilësi të lartë, mos i prisni flokët apo mjekrën. Disa subjekte kanë një organ telepatik të zhvilluar mjaftueshëm për të funksionuar mirë edhe me një kafkë të rruar, por nëse doni t'i keni të gjitha shanset në anën tuaj, mos e prisni atë që krijuesit kanë rritur në kokën dhe fytyrën tuaj. Nëse rritet, kjo është sepse ka një arsye. Asnjë karakteristikë fizike e qenieve njerëzore nuk u është dhënë atyre pa asnjë arsye. Duke respektuar krijimin, ju respektoni krijuesin.

Koha më e mirë për të komunikuar me krijuesit tanë është pas zgjimit, pasi kur zgjohet trupi, zgjohet edhe mendja. Më pas vihet në lëvizje një mekanizëm zgjimi që duhet ta aktivizojmë duke u hapur në maksimum mbi gjithçka që na rrethon dhe në pafundësinë, duke pasur kujdes që të mos ndalojmë fenomenin.

Uluni në dysheme ose, akoma më mirë, shtrihuni në shpinë. Nëse është e mundur, bëjeni në ajër të hapur dhe duke parë drejt qiellit.

Mendja është si një trëndafil. Në mëngjes ai fillon të hapet, por ju gjithmonë e zgjidhni kur është ende vetëm një syth. Nëse prisni pak, do të lulëzonte.

Ushtrimi i trupit është i mirë, por ushtrimi i mendjes është më i mirë.
Mos jini të paduruar nëse nuk merrni rezultate të menjëhershme. Një organ atrofizohet kur nuk përdoret. Kur keni veshur një gips për një kohë të gjatë, nevojitet një riedukim i gjatë për të rifituar përdorimin normal të gjymtyrës së gipsit.

Shikoni nga qielli dhe bëhuni të vetëdijshëm për pozicionin që keni në lidhje me gjithçka rreth jush. Vëre veten në raport me shtëpinë në të cilën gjendesh, një pikë e vogël e humbur mes mureve prej guri, në raport me të gjithë njerëzit që zgjohen në të njëjtin moment me ty, në raport me ata që në pjesë të tjera të globit, do të flenë; mendo për të gjithë ata që lindin, që bashkohen fizikisht, që vuajnë, që punojnë apo vdesin, ashtu siç po zgjohesh. Pra vendoseni veten në nivelin tuaj.

Pastaj vendoseni veten në raport me të madhen pafundësisht. Mendoni për qytetin ku jeni, një pikë e vogël e humbur në një territor që është kombi ose ishulli ku jetoni; fluturoni sikur të ishit në një aeroplan që ngrihet gjithnjë e më shumë mbi tokë, derisa qyteti juaj të bëhet më i madh se një pikë. Më pas imagjinoni kontinentin ku jeni. Bëhuni të vetëdijshëm për faktin se jeni në tokë, një top i vogël i të cilit njerëzimi është vetëm një parazit dhe që është në rrotullim pa e kuptuar as ju. Vëre veten në lidhje me të dhe më pas me hënën, që rrotullohet rreth tokës, në raport me tokën që rrotullohet rreth diellit dhe në raport me diellin që rrotullohet gjithashtu rreth vetes dhe rreth qendrës së galaktikës sonë; në lidhje me yjet, të cilët janë gjithashtu diej të rrethuar nga planetë në të cilët jetojnë një numër i pafund qeniesh të tjera, ndër të cilat është planeti i krijuesve tanë, Elohim, dhe planeti i të përjetshmëve, ku një ditë do të pranohesh në përjetësi. Lidhuni me të gjitha këto botë në të cilat jetojnë qenie të tjera që janë më të përparuara se ne dhe të tjerët më primitivë se ne; dhe më pas i vendosur në lidhje me këtë galaktikë e cila vetë rrotullohet rreth qendrës së universit tonë; lidheni veten me universin tonë i cili është në vetvete një atom i një atomi të një molekule të vendosur ndoshta në krahun e një qenieje që shikon lart nga qielli duke pyetur veten nëse ka jetë në planetë të tjerë. I vendosur kështu në raport me të madhen pafundësisht.

Pastaj vendoseni veten në marrëdhënie me trupin tuaj, me të gjitha organet që e përbëjnë dhe me të gjitha pjesët që e përbëjnë atë. Mendoni për të gjitha organet që po punojnë tani pa e kuptuar ju; ju ndjeni se zemra juaj rreh pa pyetur dhe gjaku juaj qarkullon dhe vadit gjithë trupin tuaj. Ju gjithashtu ndjeni trurin tuaj, i cili ju lejon të reflektoni dhe të ndërgjegjësoheni për të gjitha këto; mendoni për të gjitha qelizat që përbëjnë gjakun tuaj dhe të gjitha qelizat që po lindin në trupin tuaj, që riprodhohen me kënaqësi dhe që po vdesin pa e kuptuar ju; ndjeni këto qeliza që ndoshta nuk janë të vetëdijshme për të formuar qenien që jeni. Mendoni për të gjitha molekulat që përbëjnë këto qeliza dhe atomet që përbëjnë këto molekula dhe që rrotullohen si diell rreth qendrës së një galaktike; mendoni për grimcat që përbëjnë këto atome dhe për grimcat e këtyre grimcave në të cilat jetojnë qeniet që pyesin veten nëse ka jetë në planetë të tjerë. I vendosur kështu në raport me të voglën pafundësisht.

Sillni veten në harmoni me të madhen pafundësisht dhe me të voglën pafundësisht duke dërguar dashuri lart e poshtë dhe duke kuptuar se ju vetë jeni pjesë e së pafundmes.

Tani përqendrohuni intensivisht dhe përpiquni t'i dërgoni mesazhin tuaj të dashurisë Elohim, krijuesit tanë, duke u përcjellë atyre dëshirën tuaj për t'i parë ata, për të qenë mes tyre një ditë dhe për të pasur forcën për ta merituar atë dhe për t'u pranuar midis të zgjedhurve.

Atëherë do të ndiheni të lehtë dhe gati për të bërë të mirën rreth jush me të gjitha forcat dhe gjatë gjithë ditës, pasi do të jeni në harmoni me pafundësinë.

Ju gjithashtu mund t'i bëni këto ushtrime në një vend sensual meditimi gjatë ditës, vetëm ose me njerëz të tjerë.

Por më afër harmonisë së përsosur me pafundësinë është kur e gjeni veten në një vend meditimi sensual së bashku me një qenie që ju pëlqen të bashkoheni fizikisht me ta, dhe të dy do të jeni në harmoni me pafundësinë gjatë Bashkimit tuaj.

Në mbrëmje, kur qielli është me yje dhe temperatura është e butë, shtrihuni në tokë dhe soditni yjet duke menduar intensivisht për Elohim. Dëshironi të meritoni të jeni në mesin e tyre një ditë dhe mendoni shumë për faktin se jeni të disponueshëm dhe të gatshëm të bëni pikërisht atë që mund t'ju kërkojnë, edhe nëse nuk do ta kuptoni fare pse ju pyesin. Ndoshta do të shihni një sinjal nëse jeni mjaftueshëm gati.

Kur jeni atje, i shtrirë në shpinë, bëhuni të vetëdijshëm se sa të kufizuara janë organet tuaja të perceptimit, gjë që shpjegon vështirësinë që keni për të konceptuar pafundësinë. Ekziston një forcë që ju mban në tokë dhe ju nuk mund të fluturoni drejt yjeve thjesht duke u kërcyer, por nuk shihni asnjë litar që ju mban. Miliona njerëz dëgjojnë mijëra stacione radioje dhe shikojnë qindra transmetime televizive që valëzojnë atmosferën, por ju nuk i shihni apo dëgjoni këto valë. Gjilpërat e të gjitha busullave janë tërhequr drejt veriut, megjithatë ju nuk shihni dhe ndjeni asnjë forcë tërheqëse.

Përsëri, organet tuaja të perceptimit janë shumë të kufizuara dhe energjitë e universit janë të pafundme. Zgjohuni dhe zgjoni organet që keni në ju që ju lejojnë të kapni valë që nuk mund t'i kapni dhe ekzistencën e të cilave as nuk dyshoni. Pëllumbat e thjeshtë janë në gjendje të gjejnë veriun dhe ju, një qenie njerëzore, nuk mund ta bëni këtë? Ndaloni për një moment për të reflektuar.

Dhe mësojini të gjitha këto fëmijëve tuaj, ndërsa organet e tyre janë ende në zhvillim. Kështu do të lindë njeriu i ri, aftësitë e të cilit do të jenë pafundësisht më të larta se ato të njeriut aktual.

Pasi të rritet, nëse një qenie njerëzore nuk ka mësuar kurrë të ecë, ai gjithmonë nuk do të jetë në gjendje ta bëjë këtë, edhe nëse më vonë i mësohet. Ai gjithmonë do të ketë një handikap brenda tij edhe nëse është shumë i talentuar.

Është gjatë rritjes që mendjet e fëmijëve duhet të hapen në mënyrë që të gjitha aftësitë e tyre të mund të realizohen plotësisht. Atëherë ata do të bëhen burra të rinj, të cilët nuk do të kenë më asgjë të krahasueshme me atë që jemi ne: primitivë të varfër dhe të shurdhër.

Shperblimin

Udhëzoftë ky libër ata që i njohin dhe i duan krijuesit tanë, Elohim.
Ata që besojnë në to dhe nuk harrojnë të komunikojnë telepatikisht me ta, duke rizbuluar kështu kuptimin origjinal të lutjes.

Le të udhëzojë ky libër ata që u bëjnë mirë bashkënjerëzve të tyre.
Ata që besojnë në atë që më është shpallur mua dhe atë që është shpallur para meje, dhe që janë të sigurt se rimishërimi shkencor është një realitet.

Ata kanë udhëzim dhe qëllim në jetë dhe janë të lumtur.
Sa për ata që nuk janë zgjuar, nuk është e dobishme t'u tregosh për këtë mesazh. Një qenie e fjetur nuk mund të kuptojë dhe gjumi i mendjes nuk zgjohet në pak çaste, veçanërisht nëse gjumi e gjen gjumin e tij shumë të rehatshëm.

Megjithatë, përhapeni këtë mesazh rreth jush. Transmetoje atë tek ata që u bëjnë mirë qenieve të tjera njerëzore dhe mbi të gjitha atyre që përdorin trurin që u është dhënë nga Elohim për të çliruar qeniet njerëzore nga frika e mungesës së ushqimit dhe nga frika e sëmundjes. Jepini atyre që i lehtësojnë qeniet njerëzore nga streset e përditshme duke i lejuar ata të kenë kohë për të përmbushur veten. Këtyre u rezervohen kopshtet e planetit të të përjetshmëve dhe mijëra burimet e tyre.

Sepse nuk mjafton të mos i dëmtosh të tjerët pa u bërë mirë. Një qenie, jeta e së cilës ka pasur një ekuilibër neutral, do të ketë të drejtën e neutralitetit. Prandaj ai nuk do të rikrijohet, as për të paguar për krimet e tij, pasi nuk ka kryer asnjë, as për të marrë shpërblimin për veprat e tij të mira, pasi nuk do t'i ketë bërë as ato.

Një qenie që ka bërë shumë njerëz të vuajnë gjatë një pjese të jetës së tij dhe që më pas e shpengon veten duke bërë mirë për të balancuar të keqen që ka bërë, do të konsiderohet gjithashtu neutrale.

Për të pasur të drejtën e rimishërimit shkencor në planetin e të përjetshmëve, duhet të ketë një bilanc qartësisht pozitiv në fund të jetës. Për dikë që nuk është inteligjent ose me pak mjete mjafton të kënaqesh duke bërë mirë rreth vetes në një sasi të vogël, por nuk mjafton për atë që është shumë inteligjent ose me shumë mjete. Një qenie shumë inteligjente duhet ta bëjë mendjen që i është dhënë nga Elohim të punojë për t'u sjellë lumturi qenieve të tjera njerëzore, duke shpikur teknologji të reja për të përmirësuar kushtet e tyre të jetesës.

Dhe ata që do të kenë të drejtën e rekreacionit shkencor në planetin e Elohim do të jetojnë përjetësisht në një botë ku ushqimi do t'u sillet pa pasur nevojë të bëjnë as përpjekjen më të vogël, dhe ku bashkëshortët do të kërkojnë vetëm të bukurën dhe shkencërisht të prodhuar për këtë qëllim. për të kënaqur dëshirat e tyre. Ata do të jetojnë përjetësisht në këtë planet, vetëm duke u përpjekur të përmbushin veten dhe duke bërë çfarë të duan.

Sa për ata që i bëjnë të tjerët të vuajnë, ata do të rikrijohen dhe vuajtjet e tyre do të jenë të barabarta me kënaqësitë e të përjetshmëve.

Si mund të mos i besoni të gjitha këto, tani që shkenca dhe fetë e lashta përputhen në mënyrë të përsosur. Ju nuk ishit gjë tjetër veçse lëndë e çorganizuar, pluhur dhe Elohim ju bëri qenie të gjalla të krijuara sipas shëmbëlltyrës së tyre, të afta për të dominuar materien. Një ditë do të ktheheni në të qenit materie, pluhur dhe ata do të jenë në gjendje t'ju ringjallin pikërisht ashtu siç ju krijuan, duke përdorur shkencën.

Elohim krijoi njerëzit e parë pa e ditur se ata po bënin diçka që ishte bërë tashmë me ta. Ata besonin se kishin vetëm një përvojë shkencore pa interes të madh dhe kjo është arsyeja pse ata shkatërruan pothuajse të gjithë njerëzimin për herë të parë. Megjithatë, kur e kuptuan se ishin krijuar si ne, filluan të na donin si fëmijë dhe u betuan të mos përpiqeshin më kurrë të na shtypnin, duke na lënë të dominojmë vetëm dhunën tonë.

Elohimët, nëse nuk ndërhyjnë drejtpërdrejt në favor ose kundër njerëzimit në tërësi, në vend të kësaj veprojnë ndaj individëve të caktuar, mënyra e të vepruarit të të cilëve u pëlqen ose nuk u pëlqen. Mjerë ata që pretendojnë se i kanë takuar ose se kanë marrë një mesazh prej tyre nëse nuk është e vërtetë; jeta e tyre do të bëhet ferr dhe do të pendohen për gënjeshtrat e tyre përballë të gjitha fatkeqësive që do të përjetojnë.

Dhe ata që veprojnë kundër Udhërrëfyesit të Udhërrëfyesit dhe përpiqen ta pengojnë atë nga kryerja e misionit të tij, ose që i afrohen atij për të mbjellë përçarje mes atyre që e ndjekin atë, edhe ata do të shohin se jeta e tyre bëhet ferr. Megjithatë, ata do ta dinë arsyen, pa u dukur asgjë si pasojë e diçkaje që vjen nga lart: sëmundjet, problemet familjare, profesionale, sentimentale e të tjera do të pushtojnë ekzistencën e tyre tokësore duke pritur dënimin e përjetshëm.

Ju që buzëqeshni ndërsa lexoni këto rreshta, do të kishit qenë ndër ata që e kryqëzuan Jezusin nëse do të kishit jetuar në atë kohë. Por tani ju dëshironi që familja juaj të lindë, të martohet dhe të vdesë nën figurën e tij, vetëm se kjo është bërë zakon dhe traditë.
Dhe ju që me ironi tallni ata që i besojnë këto shkrime, duke thënë për ta se duhet të shtrohen në një spital psikiatrik, ju silleni njësoj si ata që shkuan të shohin luanët që i bëjnë copë-copë të krishterët e parë. Sot, në fakt, kur dikush ka ide të bezdisshme, nuk kryqëzohet dhe ushqehet me

kafshët, do të ishte shumë barbare, por dërgohen në një pavijon psikiatrik. Nëse këto institute do të kishin ekzistuar dy mijë vjet më parë, ju do ta kishit mbyllur Jezusin dhe ata që besuan në të.

Sa për ata që besojnë në jetën e përjetshme, pyetini pse qajnë kur humbasin një të dashur.

Derisa qeniet njerëzore ishin në gjendje të kuptonin shkencërisht punën e Elohim, ishte normale që ata të besonin në një zot jomaterial. Por tani që, falë shkencës, materia kuptohet në pafundësisht të mëdha dhe në pafundësisht të vogla, qeniet njerëzore nuk kanë më të drejtë të vazhdojnë të besojnë te perëndia në të cilën besonin paraardhësit e tyre primitivë. Elohimët, krijuesit tanë, dëshirojnë të njihen nga ata sot që kuptojnë se si mund të krijohet jeta dhe që janë në gjendje të krahasohen me shkrimet e shenjta të lashta. Këta do të kenë të drejtën e përjetësisë. Dhe ti, Kristian, ke lexuar njëqind herë që një ditë Jezusi do të kthehej, por nëse ai do të kthehej sot, do ta kishe të mbyllur në një spital psikiatrik. Hajde, hapi sytë!

Dhe ti, bir i Izraelit, je ende duke pritur për Mesian tënd dhe mos e hap derën!

Dhe ti, budist, shkrimet e tua të thonë se Buda i ri do të duhet të lindë në Perëndim; njohin shenjat e shpallura!

Dhe ti, musliman, Muhamedi të kujtoi se çifutët kishin bërë një gabim duke vrarë profetët, dhe se të krishterët kishin gabuar duke adhuruar profetin më shumë se atë që dërgon profetin. Mirëpritni profetët më të vegjël dhe duajini ata që e dërgojnë atë!

Nëse e njihni Elohimin si krijuesit tuaj, nëse i doni dhe dëshironi t'i mirëpresni, nëse përpiqeni t'u bëni mirë qenieve të tjera njerëzore duke shfrytëzuar maksimalisht të gjitha mundësitë tuaja, nëse mendoni rregullisht për krijuesit tuaj duke u përpjekur t'i bëni ata të kuptojnë telepatikisht që i doni ata, nëse ndihmoni Udhërrëfyesin e Udhërrëfyesit të përmbushë misionin e tij, padyshim që do të keni të drejtën e rimishërimit shkencor në planetin e të përjetshmëve.

Qenia njerëzore, që kur zbuloi energjitë e nevojshme për të udhëtuar në hënë, zotëron gjithashtu energjitë e mjaftueshme për të shkatërruar të

gjitha format e jetës në tokë.
Afrohet ora dhe hëna çahet! (Kurani, Surja 54, ajeti 1).

Nga një ditë në tjetrën, qeniet njerëzore mund të vetëshkatërrohen. Vetëm ata që ndjekin profetët e fundit do të shpëtohen.

Kohë më parë Noeut nuk besohej dhe njerëzit e talleshin me të teksa po përgatitej për shkatërrim. Por ata nuk qeshën të fundit.

Dhe kur Elohim u tha banorëve të Sodomës dhe Gomorrës që të largoheshin nga qyteti pa e kthyer kokën pas, disa prej tyre nuk i besuan asaj që u shpall dhe u shkatërruan.

Tani kemi arritur në moshën në të cilën njeriu ndoshta vetë do të shkatërrojë jetën në tokë. Vetëm ata që e pranojnë Elohimin si krijuesit e tyre do të shpëtohen nga shkatërrimi. Mund të mos e besoni ende, por kur të vijë koha, do të shikoni pas në këto rreshta dhe do të jetë tepër vonë.

Në të vërtetë, ka një shans të madh që të ndodhë shkatërrim dhe nuk do të vonojë shumë duke pasur parasysh sjelljen e qenieve njerëzore sot. Kur të ndodhë kjo kataklizëm, atëherë do të ketë dy lloje qeniesh njerëzore: ata që nuk i kanë njohur krijuesit e tyre dhe nuk kanë ndjekur të fundit të profetëve, dhe ata që kanë hapur veshët dhe sytë dhe kanë njohur atë që ishte shpallur për të. nje kohe e gjate.

Të parët do t'i nënshtrohen vuajtjeve të shkatërrimit në furrën e fundit dhe pjesa tjetër do të ruhet dhe do të udhëhiqet me Udhëzuesin e Udhërrëfyesve në planetin e të përjetshmëve, ku do të shijojnë një jetë të mrekullueshme të përmbushjes dhe kënaqësisë personale në shoqërinë e të lashtëve. të urtët. Ata do të shërbehen nga atletë të mrekullueshëm me trupa skulpturor të cilët do t'u sjellin ushqime të rafinuara për shije në shoqërinë e grave dhe burrave me bukuri dhe sharm të pashoq dhe plotësisht të nënshtruar ndaj dëshirave të tyre.

Në shtretër me pëlhura të rregulluara artistikisht, ata do të pushojnë përballë njëri-tjetrit.
Rreth tyre disa efebë gjithmonë të rinj, me filxhanë, kana dhe gota pijesh të qarta.

Nuk do të kenë dhimbje koke për shkak të tyre dhe nuk do të jenë fare të dehur.

Ata do të kenë akoma frytin e zgjedhjes së tyre dhe mishin e zogjve që dëshirojnë.

Të rejat madhështore me sy të mëdhenj të zinj, të ngjashëm me perlat e vërteta, do të jenë shpërblimi i besimit të tyre. (Kurani, Surja 56, ajetet 15-23).

Ju që besoni gjithçka që është shkruar në këtë libër, kur Udhërrëfyesi i Guidave ju thërret diku, hiqni të gjitha shqetësimet tuaja sepse ndoshta ai ka marrë informacion në lidhje me fundin. Dhe nëse jeni pranë tij në atë moment, do të shpëtoheni dhe do të largoheni nga vuajtjet me të.

Ju që besuat, mos i gjykoni veprimet apo fjalët e Zotit. Krijimi nuk ka të drejtë të gjykojë krijuesin e tij. Respektoni profetin tonë dhe mos gjykoni veprimet dhe fjalët e tij, sepse ne dëgjojmë me veshët e tij, shohim me sytë e tij dhe flasim me gojën e tij. Duke mos respektuar pejgamberin, ju jeni duke mos respektuar ata që e dërguan atë, krijuesit tuaj.

Mesazhet që na janë dhënë nga Elohim janë të vërteta, ashtu si dhe qeniet njerëzore që u janë përmbajtur plotësisht atyre. Por sistemet obskurantiste që u themeluan mbi këto mesazhe dhe që shfrytëzonin njerëzit që e ndienin vërtetësinë e tyre janë të gabuara. Kisha po zhduket dhe nuk meriton asgjë tjetër. Për sa u përket besimtarëve të kishës, ata që i kanë sytë hapur duhet të arrijnë tek profetët më të vegjël dhe duhet ta ndihmojnë atë të përhapë mesazhet që i janë dhënë në mbarë botën. Ai do t'i mirëpresë me krahë hapur dhe ata do të jenë në gjendje të kuptojnë plotësisht veten e tyre duke qenë lajmëtarë të atyre në të cilët kanë besuar gjithmonë. Më në fund ata do të kuptojnë se ishte vërtet puna e tyre kur krijuan njerëzit dhe kur dërguan Jezusin.

Ato do të jenë vërtet në gjendje të përmbushen, larg kufizimeve të vendosura nga një Kishë e fosilizuar në mijëvjeçarë të obskurantizmit dhe e mbuluar nga krime dhe inkuizicione kriminale. Ata do të jenë në gjendje të bëjnë atë që është detyrë e tyre, që është të operojnë organet që u kanë dhënë krijuesit. Në fakt, krijuesve nuk u pëlqen që ne nuk i përdorim organet që na kanë dhuruar. Ata më në fund do të jenë në gjendje të shijojnë pesë shqisat e tyre dhe të bashkohen fizikisht me qeniet që u pëlqejnë, përgjithmonë ose për një moment të vetëm lumturie dhe pa u ndjerë kurrë në faj. Përkundrazi, është pikërisht tani që ata duhet të ndihen fajtorë për mospërdorimin e gjithçkaje që u kanë dhënë krijuesit e tyre.

Dhe ata do të jenë me të vërtetë qenie njerëzore që hapin mendjet e tyre në vend që t'i vënë në gjumë.

Nuk ka mbetur pothuajse asnjë seminarist. Megjithatë, ka shumë qenie që janë të pakënaqur. Këta janë të gjithë ata që ndihen të thirrur për të sjellë dashurinë rreth tyre dhe për të hapur mendjen e tyre. Pesëdhjetë vjet më parë kishte pesëdhjetë mijë seminaristë, tani nuk ka më shumë se pesëqind. Kjo do të thotë se ka të paktën dyzet e nëntë mijë e pesëqind qenie të pakënaqura që kanë brenda tyre një potencial për rrezatimin e dashurisë që është vendosur në to nga krijuesit tanë për ta përdorur. Megjithatë, ata nuk ndihen të tërhequr nga kjo kishë e mbuluar nga krimi dhe obskurantizmi.

Ju që jeni ndër këta dyzet e nëntë mijë e pesëqind dhe që ndjeni nevojën për të sjellë dritë rreth jush dhe për të bërë diçka për të tjerët, ju që dëshironi të qëndroni besnikë ndaj krijuesve tuaj dhe ndaj Jezusit që ju tha ta doni njëri-tjetrin dhe respektoni Krijuesit, atin tuaj që është në parajsë, ju që mendoni se ky mesazh është i vërtetë, ejani me ne dhe bëhuni Udhërrëfyes. Me fjalë të tjera, ju bëheni qenie njerëzore që, sipas traditës së Moisiut, Elias dhe Jezusit, i përkushtohen Elohimëve dhe përhapjes së mesazheve të tyre, duke bërë një jetë normale, domethënë duke e kuptuar plotësisht veten dhe duke shijuar të gjitha shqisat. që ju kanë dhënë krijuesit tuaj.dhuruar.

Ju që jeni aktualisht kishtarë, braktisni këto veshje të trishta si ngjyra e tyre, që është ngjyra e krimeve që janë bërë nën fasadën e tyre. Ejani me ne dhe bëhuni udhërrëfyes për njerëzimin në rrugën drejt paqes universale dhe dashurisë universale.

Largohuni nga këto kisha, që janë vetëm monumente të ngritura nga primitivët, tempuj ku adhuroheshin copa druri dhe metali pa vlerë. Elohim nuk ka nevojë për tempuj në çdo qytet për t'u ndjerë të dashuruar. Atij i mjafton që qeniet njerëzore të përpiqen të komunikojnë telepatikisht me ta, duke rizbuluar kështu kuptimin origjinal të lutjes. Në vend të kësaj, krijuesit tanë duan që ne të hapemi drejt pafundësisë në vend që të mbyllemi në ndërtesa guri, të errëta dhe mistike.

Hipokrizia dhe mistifikimi kanë zgjatur mjaftueshëm. Organizatat janë ndërtuar mbi bazën e mesazheve të vërteta që janë trashur duke shfrytëzuar këto mesazhe, duke jetuar në luks të papërshtatshëm dhe duke përdorur frikën e njerëzve për të arritur qëllimet e veta. Luftërat janë bërë me pretekstin e përhapjes së këtyre mesazheve. Turp!

Paratë e të varfërve janë përdorur për të ndërtuar fuqi financiare. Turp!
Dashuria për të afërmin është predikuar me armë në dorë. Turp!

Barazia e qenieve njerëzore është predikuar duke mbështetur diktaturat. Turp!

Është thënë "Zoti është me ne" për të nisur më mirë njerëzit në luftëra vëllavrasëse. Turp!

Janë lexuar dhe rilexuar Ungjijtë, të cilët thoshin: nuk do të quhesh babai im, sepse ke vetëm një baba, atë që është në parajsë dhe e ke bërë veten të quhesh baballarë dhe monsinjorë për të gjitha qëllimet dhe qëllimet. Turp!

Janë lexuar dhe rilexuar tekste që thoshin: do të dalësh në rrugë pa as një palë sandale rezervë dhe je mbështjellë me luksin e Vatikanit. Turp!

Nëse Papa nuk shet të gjitha pasuritë e Vatikanit për të ndihmuar njerëzit më të pafat, ai nuk do të pranohet në mesin e të drejtëve në planetin e përjetësisë. Në të vërtetë, është turp të rrethohesh me luks të shfrenuar të përftuar në kurrizin e njerëzve të varfër, duke përdorur mesazhe të vërteta dhe duke shfrytëzuar lindjet, bashkimet dhe vdekjet e qenieve njerëzore.

Por nëse e gjithë kjo do të ndryshonte, nëse burrat që ishin pjesë e kësaj organizate monstruoze, pa i kuptuar gabimet e tyre, do ta braktisnin atë dhe do të pendoheshin për humbjen e tyre, atëherë ata do të faleshin dhe do të kishin të drejtën e përjetësisë. Në fakt, Elohim, krijuesit tanë, na duan si fëmijë dhe i falin ata që sinqerisht pendohen për gabimet e tyre.

Kisha nuk ka më asnjë arsye të ekzistojë, pasi ajo është ngarkuar të përhapë mesazhin e Jezusit në pritje të epokës së Apokalipsit që tani ka ardhur, dhe ajo ka përdorur mjete përhapjeje që janë turp për të.

Nëse nga njëra anë ajo ka përfunduar misionin e saj, nga ana tjetër ajo do të qortohet për të gjitha krimet e saj dhe ata që ende veshin rrobat e saj të përgjakur do të gjejnë veten në anën e fajit.

Zgjohu, ti në gjumë që je! E gjithë kjo nuk është një histori e thjeshtë. Rilexoni të gjitha shkrimet e profetëve të lashtë, mësoni për zbulimet më të fundit shkencore, veçanërisht në fushën e biologjisë dhe shikoni qiellin. Shenjat e paralajmëruara kanë mbërritur! Çdo ditë shfaqen ato objekte fluturuese të paidentifikuara që njerëzit i kanë quajtur "pjata fluturuese". "Do të ketë shenja në qiell", kjo fjali është shkruar shumë kohë më parë...

Informohuni për të gjitha këto, përmblidheni dhe zgjohuni. Raeli ekziston, ai është gjallë, dhe ai nuk shkroi të njëjtat gjëra që shkruan Moisiu, Ezekieli, Elia, Jezusi, Muhamedi, Buda dhe të gjithë të tjerët. Ai nuk është biolog, por i fundit i linjës së profetëve, profeti i Apokalipsit, pra i epokës në të cilën mund të kuptohet gjithçka. Tani për tani ai jeton jo larg jush.

Ju keni mundësinë të jeni një nga bashkëkohësit e tij dhe të merrni mësimet e tij. Zgjohuni, tunduni dhe dilni në rrugë; shkoni gjeni atë dhe ofroni ndihmën tuaj, ai ka nevojë për ju! Do të jesh një nga pionierët e fesë së fundit, fesë së feve, dhe do të kesh vendin tënd, sido që të ndodhë, mes të drejtëve për përjetësinë, për të shijuar kënaqësitë e planetit të të përjetshëmve, në shoqërinë e mrekullive qenie të bukura dhe të nënshtruara ndaj dëshirave tuaja.

Guidat

Ju do të ndiqni Udhëzuesin e Udhërrëfyesve, sepse ai është ambasadori i Elohim, krijuesit tanë, etërit tanë që janë në qiell.

Ju do të ndiqni të gjitha këshillat që jepen në këtë libër, pasi janë këshilla e krijuesve tuaj, të transmetuara përmes gojës së Raelit, ambasadorit tonë, të fundit të profetëve, bariut të barinjve dhe do ta ndihmoni atë të ndërtojë feja e feve .

Çifutë, të krishterë, myslimanë, budistë dhe ju që keni një fe tjetër, hapni sytë dhe veshët dhe rilexoni tekstet tuaja të shenjta. Do ta kuptoni se ky libër është i fundit, ai që ju kishin shpallur profetët tuaj. Ejani me ne për t'u përgatitur për ardhjen e krijuesve tanë. Shkruani Guide of Guides dhe ai do t'ju vërë në kontakt me njerëz të tjerë që, si ju, janë Raelianë, domethënë që besojnë në mesazhet e transmetuara nga Raeli; ai do t'ju vërë në kontakt me Udhëzuesin e rajonit tuaj në mënyrë që të mund të takoheni rregullisht për të medituar dhe vepruar në mënyrë që ky mesazh të jetë i njohur në të gjithë botën.

Ju që e lexoni këtë mesazh, e kuptoni mirë që jeni të privilegjuar. Mendoni për të gjithë ata që nuk kanë mësuar ende për të dhe sigurohuni që askush rreth jush të mos e injorojë këtë zbulim fantastik, pa u përpjekur kurrë t'i bindni ata të cilëve ua tregoni. Bëjini ata të vetëdijshëm për këtë mesazh dhe nëse janë gati, ata do të hapen. Përsëriteni gjithmonë këtë frazë të Gandit: "Nuk është sepse askush nuk e sheh të vërtetën që ajo bëhet një gabim".

Ju që ndiheni kaq të rrëmbyer nga gëzimi duke lexuar këtë mesazh dhe që dëshironi ta transmetoni atë dhe të sillni dritë rreth jush, ju që dëshironi të jetoni plotësisht të përkushtuar ndaj krijuesve tanë duke zbatuar me skrupulozitet atë që ata kërkojnë dhe duke u përpjekur t'i udhëheqni qeniet njerëzore në rrugën e realizimit. personale, ju duhet të bëheni një Udhërrëfyes, nëse doni të jeni plotësisht të aftë për këtë. Shkruani Raelit, Udhërrëfyesit të Udhërrëfyesve; ai do t'ju pranojë dhe do t'ju bëjë të merrni një nismë që do të lejojë që drita juaj të shkëlqejë plotësisht. Në fakt, njeriu mund të hapë mendjen e të tjerëve vetëm nëse mendja e tij është tashmë e hapur.

Dashuria e krijuesve për punën e tyre është e pamasë dhe ju duhet t'ua ktheni atë dashuri. Ju duhet t'i doni ata siç ju duan ata dhe ju duhet ta provoni këtë duke ndihmuar ambasadorin e tyre dhe ata që e ndihmojnë atë, duke vënë në shërbim të tyre të gjitha mjetet dhe të gjitha forcat tuaja, në mënyrë që ata të mund të ndërtojnë vërtet një ambasadë për t'i mirëpritur ata dhe për të udhëtuar nëpër botë. për të përhapur këtë mesazh.

Nëse doni të më ndihmoni të arrij qëllimet e treguara nga Elohim, më shkruani:

RAËL
c/o Lëvizja Ndërkombëtare Raeliane
Case Postale 225, CH 1211 Geneva 8 – Switzerland

ose shkruani një email në
balkans@rael.org

Dhe mos harroni takimet në data fikse, mbledhjet e njerëzve që besojnë në mesazhet, çdo vit të dielën e parë të prillit, dt.
6 gusht, 7 tetor dhe 13 dhjetor, në një vend që do t'ju tregohet duke i shkruar Lëvizjes Raelian në vendin tuaj.

Për më shumë informacion, vizitoni www.rael.org.

Mesazh i 13 dhjetorit të vitit 52 H.*

Njëzet e katër vjet më parë, nëpërmjet gojës së profetit tonë Rael, birit tonë të dashur, ne u dhamë Burrave dhe Grave të Tokës Mesazhin tonë të fundit. Ajo që, siç pritej, erdhi për të shkatërruar "misterin e Zotit".
24 vite gjatë të cilave ju Raelianët, që na keni njohur zyrtarisht dhe publikisht si Krijuesit tuaj, keni punuar për të siguruar që ne të jemi të mirëpritur në Ambasadën që kemi kërkuar. Përkushtimi dhe përpjekjet tuaja na kanë ngrohur zemrat dhe më besnikët prej jush janë ndër ata që do të shpërblehen.

Në të gjitha fetë ka njerëz që e meritojnë dashurinë tonë, por Raelianët janë ata që janë më të afërt me ne. Ata janë njerëzit tanë të rinj të zgjedhur dhe një ditë do të kenë një Tokë të re të Premtuar. Sepse dashuria e tyre bazohet në ndërgjegje dhe mirëkuptim, jo në besim të verbër.

Ata që na donin si një ose më shumë perëndi të mbinatyrshme ishin të çmuar për ne dhe në kohët parashkencore nuk kishin zgjidhje tjetër. Por ata që, pavarësisht se e dinë se nuk jemi qenie të mbinatyrshme, por të krijuara sipas shëmbëlltyrës së tyre, vazhdojnë të na duan apo edhe më shumë, na prekin shumë më tepër dhe do të shpërblehen më shumë. Sepse ata na duan me ndërgjegjen e tyre dhe jo vetëm me besimin e tyre. Dhe është vetëdija që i bën ata të ngjashëm me ne.

Ne kishim kërkuar që të ndërtohej një ambasadë për të na mirëpritur pranë Jeruzalemit dhe autoritetet e popullit "kokëfortë" kanë refuzuar shumë herë të japin autorizimet dhe ekstraterritorialitetin e nevojshëm.

---

* Pas Hiroshimës. Shpërthimi i bombës së parë atomike në Hiroshima më 6 gusht 1945 shënon fillimin e Epokës së Apokalipsit ose, më mirë, të Epokës së Revelacionit për Elohimët. Viti 52 H. korrespondon me 1997 pas Krishtit.

Preferenca jonë për Jerusalemin ishte thjesht sentimentale, sepse për ne Jeruzalemi është kudo ku qeniet njerëzore na duan, na respektojnë dhe dëshirojnë të na mirëpresin me respektin që na takon, dhe njerëzit e zgjedhur janë ata që, duke ditur se kush jemi, duan të na mirëpresin. , përkatësisht Raelianët. Hebrenjtë e vërtetë të Tokës nuk janë më populli i Izraelit, por të gjithë ata që na njohin si Krijuesit e tyre dhe dëshirojnë të na shohin të kthehemi.

Lidhja që kishim me popullin e Izraelit është në prag të prishjes dhe Besëlidhja e re ka marrë fund. Ata kanë vetëm pak kohë për të kuptuar gabimet e tyre para se të shpërndahen përsëri.

Ndërkohë, tani do të jetë e nevojshme t'u kërkohet të gjitha kombeve të tokës autorizimin dhe ekstraterritorialitetin e nevojshëm për ndërtimin e ambasadës sonë dhe rrezja prej një kilometri mund të përbëhet gjithashtu nga uji, si dhe nga toka me kusht që të jeni i ndaluar nga shfletimi.

Kur një vend jep këtë autorizim, Izraeli do të ketë për herë të fundit zgjedhjen e dhënies së këtij autorizimi gjatë një periudhe shumë të kufizuar reflektimi dhe do të ketë përparësi, ose Ambasada do të ndërtohet diku tjetër dhe njerëzit e Davidit do të humbasin mbrojtjen tonë dhe do të shpërndahen.

Vendi që do të shohë ndërtimin e Ambasadës në territorin e tij ose në një territor që do të ketë dhuruar ose shitur për këtë qëllim, duke i dhënë ekstraterritorialitetin e nevojshëm, do ta shohë të ardhmen e saj të garantuar dhe lulëzuar, do të përfitojë nga mbrojtja jonë dhe do të bëhet shpirtërore dhe shkencë e të gjithë planetit për mijëvjeçarët e ardhshëm.

Ora e Kthimit tonë të Madh është afër dhe ne do të mbështesim dhe mbrojmë më të devotshmit mes jush. Gjithnjë e më shumë armiqtë tuaj do të shohin që krahu ynë i plotfuqishëm t'i godasë, veçanërisht uzurpatorin e Romës, peshkopët e saj dhe të gjithë ata që veprojnë në emrin tonë pa qenë të mandatuar.

Viti dymijë nuk është asgjë për ne dhe asgjë për një shumicë të madhe tokësore që nuk janë të krishterë, por shumë profetë të rremë do të përpiqen ta përdorin këtë ndryshim të mijëvjeçarit për të mashtruar qeniet njerëzore. Kjo është e pritshme dhe është një përzgjedhje e më të vetëdijshmeve. Ndiqni Udhëzuesin tuaj të Udhërrëfyesve, ai do të jetë në gjendje t'ju ndihmojë të shmangni shkëmbinjtë e kësaj epoke kalimtare, sepse ai është Rruga, e Vërteta, Jeta.

Budizmi është gjithnjë e më i suksesshëm në Tokë dhe kjo është mirë sepse është feja që i afrohet më shumë së Vërtetës dhe ekuilibrit të ri shkencor-shpirtëror të nevojshëm për njerëzit në epokën e re. Budizmi, i zhveshur nga çakëlli mistik i së shkuarës, jep raelizëm si rezultat dhe budistët që do të bëhen raelianë do të jenë gjithnjë e më të shumtë.

Gëzimi juaj për të parë kthimin tonë të madh që po afrohet, le t'ju japë krahë për të kapërcyer grackat e fundit të udhëtimit. Jemi kaq afër kësaj dite dhe me ju, saqë nëse mblidheni rreth jush duhet të ndjeni praninë tonë...

Dhe kjo ndjenjë do t'ju ndriçojë ditët dhe netët dhe do ta bëjë jetën tuaj të mrekullueshme, pavarësisht nga sprovat që ju kanë mbetur për të kapërcyer. Kënaqësia për t'u takuar sërish do të jetë shumë më e vogël se kënaqësia për të punuar për të ardhur kjo ditë. Kënaqësia më e madhe qëndron në përmbushjen e misionit tuaj, jo në rezultatin e tij!

Ndërkohë, dashuria jonë dhe drita jonë do t'ju udhëheqin përmes gojës së Profetit tonë të dashur dhe mos harroni se, edhe nëse ju shohim vazhdimisht, sa herë që ai ju shikon, ne ju shohim më mirë sepse ai e zbukuron atë që shikon. me dashuri ai ndjen per ty...

Sa më shumë ta doni, aq më shumë na doni ne pasi është pjesë e jona në Tokë. Nëse ndonjëherë ju duket e vështirë të na tregoni dashurinë tuaj, kjo ndodh sepse nuk kishit ndërgjegje të shihni se Biri ynë i Dashur shkeli edhe një herë tokën tuaj.

Ju nuk mund të na doni dhe ta lini pas dore, sepse edhe një herë asgjë nuk vjen tek Ati përveçse nëpërmjet Birit. Sepse ai është mes jush, ai ha kur hani, fle kur flini, qesh kur qesh dhe qan kur qan.

Mos u pretendoni se na doni nëse nuk e trajtoni atë si më të dashurin mes nesh.

Dashuria e tij për ty është aq e madhe saqë ai vazhdimisht na kërkon të falim gjëra që ne i gjykojmë të pafalshme. Ai është avokati juaj më i mirë në sytë e Krijuesve tuaj. Dhe në planetin tuaj, ku Dashuria dhe

Falja janë gjithnjë e më të rralla në një shoqëri që po bëhet gjithnjë e më barbare për shkak të mungesës së këtyre vlerave, ai është pasuria juaj më e çmuar.

A ju mungon dashuria? Shikojeni, ai është i gjallë mes jush!

Të udhëzoftë drita e tij derisa të kthehemi ose të mos kthehemi, sepse në të gjitha rastet të presim mes të përjetshmëve tanë.

Paqe dhe Dashuri për të gjithë qeniet njerëzore të vullnetit të mirë.

Mesazh i transmetuar telepatikisht Raelit më 13 dhjetor, 52 pas Krishtit.

Vepra të tjera të autorit

Libri që tregon të vërtetën

Në moshën 27-vjeçare, gazetari i ri francez Claude Vorilhon ishte një shofer garash dhe redaktor i një prej revistave më të rëndësishme franceze të sportit motorik. Por më 13 dhjetor 1973, jeta e tij u kthye përmbys kur në kraterin e një vullkani të zhdukur, pranë Clermond-Ferrand, ai pa të shfaqej një "disk fluturues" me diametër 7 metra, absolutisht i heshtur dhe i bërë nga një metal shumë i shndritshëm argjendi. . Një qenie pasardhëse që i besoi mesazhe të rëndësishme që hedhin dritë të re në interpretimin e shumë pasazheve biblike dhe ngjarjeve të ndryshme të lashtësisë. Ky libër i parë nga Rael, i botuar për herë të parë në 1974, është një përshkrim i detajuar i këtij takimi të jashtëzakonshëm. Jashtëtokësori zbuloi se çdo formë jete që ekziston në Tokë u krijua nga qeniet që erdhën nga një planet i largët, Elohim, falë një zotërimi të përsosur të inxhinierisë gjenetike dhe ADN-së. Vetë Bibla, te Zanafilla, flet për veprën e Elohim. Në fakt thotë: "Ditën e parë Elohim bëri këtë, ditën e dytë Elohim bëri atë, etj.". Ky term Elohim, është përkthyer gabimisht me fjalën njëjës "Zot", ndërsa në hebraishten e vjetër është shumës që do të thotë "ata që erdhën nga qielli". Prandaj, njeriu do të ishte krijuar shkencërisht shumë kohë më parë, pikërisht nga shkencëtarë dhe artistë të ardhur nga një planet tjetër: pikërisht Elohim. Të gjitha shpalljet e tjera janë pasojë e kësaj të parës. Jezusi, për shembull, do të lindte nga bashkimi i një prej Elohimëve me një vajzë të Tokës dhe detyra e tij ishte të përgatiste njerëzimin për ardhjen e epokës sonë, epokën e Apokalipsit ose të Zbulesës. Madje edhe Moisiu, Buda, Muhamedi dhe të gjithë Profetët e tjerë të mëdhenj të së kaluarës, do të ishin dërguar nga po këta jashtëtokësorë në përpjekje për ta udhëhequr njerëzimin në drejtimin e paqes dhe dashurisë, në pritje të epokës në të cilën po jetojmë sot. epoka shkencore, në të cilën më në fund mund të kuptonim punën e krijuesve tanë. Që nga viti 1945 ne kemi hyrë në Epokën e Apokalipsit siç tregohet nga shenjat që parashikonte Bibla: populli i Davidit e gjenë vendin e tij (krijimi i shtetit të Izraelit), shfaqja e "shenjave në qiell" (shikimet e UFO-ve), të verbërit mund të shih (krijimi i protezave elektronike), njeriu e mbart zërin e tij përtej oqeaneve (rrjetet e telekomunikacionit) dhe e bën veten të ngjashëm me "Zotin" duke sintetizuar ADN-në në laborator dhe duke krijuar format e para artificiale të jetës.

Duke mirëpritur jashtëtokësorët

Botuar në vitin 1979, kjo vepër u përgjigjet pyetjeve më të rëndësishme të ngritura nga dy librat e parë të Raelit: "Libri që tregon të vërtetën" dhe "Jashtëtokësorët më sollën në planetin e tyre". Ai sjell disa informacione që Elohim i kishte kërkuar Raelit t'i zbulonte vetëm pasi kishin kaluar tre vjet nga takimi i 7 tetorit 1975. Ky libër përfaqëson një plotësues të domosdoshëm për të kuptuar plotësisht librat e mëparshëm të autorit.

Gjeniokracia

Kjo vepër u botua për herë të parë në vitin 1977. Ajo përshkruan sistemin politik, social dhe ekonomik të planetit të Elohim bazuar në Gjeniokracinë. Gjeniokracia është një demokraci selektive që favorizon dhe vendos inteligjencën dhe gjenialitetin njerëzor në shërbim të njerëzimit. Botuar në 1977, "Gjeniokracia" është një nga mjetet më të rëndësishme që Elohimët na kanë dhënë për të transformuar planetin tonë në një parajsë të vërtetë dhe për të frymëzuar revolucionin që do të na sigurojë një të ardhme të ndritshme për mijëvjeçarët e ardhshëm. "Të qeverisësh do të thotë të parashikosh, ata që na kanë qeverisur deri tani nuk kanë mundur të parashikojnë asgjë, prandaj kanë qenë të paaftë për të qeverisur". A nuk është gjëja më e vogël të shpresojmë se jemi të qeverisur nga njerëz që janë më të zgjuar se ne?

Meditim sensual

I botuar në vitin 1980, ky libër është një "manual udhëzues" i vërtetë i dhënë njerëzimit për t'i udhëhequr njerëzit që të përdorin plotësisht aftësitë harmonizuese të trurit të tyre dhe të arrijnë lumturinë dhe vetërealizimin. Kush e di më mirë se si funksionon një orë sesa oraret që e ka ndërtuar atë? Më pas mund të shijoni përfitimet e meditimit sensual, që i mësohet Raelit nga Elohim, duke marrë audion e ushtrimeve të meditimit në faqen zyrtare www.rael.org ose duke marrë pjesë në Universitetet e Lumturisë të organizuara nga Lëvizja Raelian në çdo kontinent. . Meditimi Sensual i mësuar nga Rael rezulton të jetë shumë i dobishëm për njerëzit e kohës sonë, të cilët shpesh bëjnë jetë plot stres të përditshëm. Qëllimi i tij është të zgjojë mendjen përmes zgjimit të aftësive tona të lindura shqisore për të ndjerë të pafundmën që na kompozon dhe që ne kompozojmë. Meditimi sensual, nëpërmjet një praktike të përditshme, ju lejon të arrini një vetëdije më të madhe për veten dhe të tjerët, dhe të perceptoni elementë të harmonisë universale.

Po për klonimin njerëzor

Në këtë libër ai shpjegon pse klonimi, në fazën që e njohim sot, përfaqëson për të gjithë qeniet njerëzore hapin e parë drejt mundësisë për t'u bërë i përjetshëm. Krijimi i kloneve që do të jenë kopje të sakta fizike të vetes sonë, së bashku me transferimin e kujtesës dhe personalitetit tonë në trurin e tyre, do të na lejojë me të vërtetë të jetojmë përgjithmonë. Ne do të kujtojmë të gjithë të kaluarën tonë dhe do të jemi në gjendje të grumbullojmë njohuri për një kohë të pacaktuar. Ëndrra më e madhe e njeriut, jeta e përjetshme, e cila u premtua nga fetë e kaluara vetëm pas vdekjes dhe në një parajsë mitike, do të bëhet realitet shkencor në një ditë jo shumë të largët. Rael shpjegon gjithashtu se si teknologjitë e reja do të revolucionarizojnë mjedisin dhe jetën tonë. Nanoteknologjia, për shembull, e cila do të shtypë bujqësinë dhe industrinë, super inteligjentët artificialë që do të tejkalojnë shumë aftësitë e mendjes njerëzore, jetën e përjetshme brenda kompjuterëve pa nevojën e një trupi biologjik, teleportimin, robotët biologjikë; këtu janë disa tema ndër shumë të tjera që trajton ky libër, duke na lejuar të shohim një të ardhme të jashtëzakonshme. Dhe siç thotë vetë Raeli, kjo e ardhme nuk ka të bëjë me fantashkencë - e gjithë kjo do të ndodhë në dekadat e ardhshme! Një libër për t'u përgatitur për një botë të paimagjinueshme, e cila do ta bëjë Tokën një parajsë ku askush nuk do të detyrohet të punojë më.

Maitreya, fragmente nga mësimi i tij

Raeli nuk është vetëm lajmëtari i Elohim që sjell një shpjegim revolucionar të origjinës sonë dhe përshkruan një të ardhme të mrekullueshme falë shkencës. Ai është gjithashtu një zgjues i jashtëzakonshëm, i cili, për më shumë se 40 vjet, ka mbajtur seminare meditimi në të gjithë botën dhe ka transmetuar një mësim të mençurisë së pamatshme që ka sjellë lumturi në jetën e mijëra njerëzve. Për aziatikët, Raeli është Maitreya, ose "Buda që vjen nga Perëndimi", siç ishte parathënë. Ky libër, i botuar në vitin 2003, përmban fragmente nga mësimet e tij të admirueshme në të cilat ai shkatërron frikën dhe ndjenjat e fajit që vijnë nga një edukim që na ka kufizuar thellësisht, dhe sjell një spiritualitet të ri bazuar në konceptin e pafundësisë dhe njohurive shkencore të funksionimit të trurit dhe ndërgjegje. Së fundi, ai përgatit qeniet njerëzore për të hyrë në një epokë të artë që po vjen, falë aplikimit të teknologjive të reja, ndërsa na kujton të meditojmë dhe të zëvendësojmë kulturën e të pasurit, e cila dominon botën e sotme, me një kulturë lumturie dhe qenie.